AF561267

Mettre en récit

Enjeux des formes contemporaines de narration

Actes de colloque 2018

Questions contemporaines

Collection dirigée par Jean-Paul Chagnollaud, Bruno Péquignot et Xavier Richet

Chômage, exclusion, globalisation… Jamais les « questions contemporaines » n'ont été aussi nombreuses et aussi complexes à appréhender. Le pari de la collection « Questions contemporaines » est d'offrir un espace de réflexion et de débat à tous ceux, chercheurs, militants ou praticiens, qui osent penser autrement, exprimer des idées neuves et ouvrir de nouvelles pistes à la réflexion collective.

Dernières parutions

Sabine Ndzengue Amoa, *Santé pour tous et problématique des brevets sur les médicaments*, 2022.

Jocelyne KISS, Geoffreyjen EDWARDS, Thierry BELLEGUIC, *Penser la vulnérabilité, penser la situation de handicap*, 2022.

Rafik HIAHEMZIZOU, *L'islamophobie intellectuelle : une critique,* 2022.

Yvon QUINIOU et Nikos FOUFAS, *La possibilité du communisme,* 2022.

Jean-Paul SAUZET, *Le voile qui dévoile. La radicalité du capitalisme*, 2022.

Jure Georges VUJIC, *Les convergences liberticides. Essai sur les totalitarismes bienveillants*, 2022.

Frédéric SAINT CLAIR, *Comment sortir de l'impasse libérale ? Essai de philosophie politique civilisationnelle,* 2022.

Jean-Marc ESNAULT, *Bienvenue dans la nouvelle ruralité. Partons à la reconquête de nos campagnes !*, 2022.

Yvan BORDELEAU, *La démocratie en crise. L'urgence de réagir,* 2022.

Lionel MOUTOT, *Généalogie d'une modernité bestiale*, 2022.

Pierre-Marie CHAPON, *Les vieux méritent mieux,* 2022.

Pierre MATILE, *La dictature des (systèmes) experts, Du prédire au dire : la fin du futur indéterminé, le nouveau messianisme*, 2022.

Sous la direction de : Paul Blanchemanche, Olivier Kouassi Kouassi, Kiné-Gueye Ngom, Marie Tomaszewski, Florian Rosinski

Mettre en récit
Enjeux des formes contemporaines de narration

Actes de colloque – 2018 – AJC CREM

L'Harmattan

5-7, rue de l'École-Polytechnique – 75005 Paris
www.editions-harmattan.fr
ISBN : 978-2-14-026175-6
EAN : 9782140261756

Avant-propos

L'Association des Jeunes Chercheur.e.s. du Centre de recherche sur les médiations (AJC-Crem) entre autres éléments, a pour mission d'organiser des temps de rencontre (séminaires, ateliers de formation, conférences). À l'image de leurs différentes thématiques d'étude, les doctorant.e.s. membres de l'AJC Crem s'inscrivent dans diverses disciplines (notamment sciences du langage, sciences de l'information et de la communication, littérature). La pluralité disciplinaire enrichit ainsi les échanges scientifiques de l'AJC Crem tenus au cours des différentes rencontres.

L'Association des Jeunes Chercheur.e.s du Crem initie des activités telles que des journées d'étude et des colloques réunissant des jeunes chercheur.e.s de divers domaines de recherche et issu.e.s de plusieurs universités (France et au-delà). C'est dans ce cadre que le colloque international « Mettre en récit. Enjeux des nouvelles formes contemporaines de narrations » s'est tenu du 15 au 16 mars 2018, à l'Université de Lorraine, à Metz, s'inscrivant dans le projet quinquennal de l'unité de recherche (Crem) « Narrations de la société/Sociétés de la narration » (2018-2022).

Le colloque « Mettre en récit. Enjeux des nouvelles formes contemporaines de narrations » a réuni dix-huit jeunes chercheurs.e.s de disciplines diverses. Onze articles ont été sélectionnés par le comité scientifique pour l'ouvrage présent. Toutefois, nous souhaitons ici remercier l'ensemble des contributeurs.ices pour leur contribution à cette manifestation importante pour notre Association.

Nos remerciements vont aux organisateurs du colloque et notamment à Sana Hadoumi et à son équipe. Nous remercions aussi les membres du comité scientifique et ceux du comité de lecture pour leurs expertises lors de l'évaluation des textes.

Par ailleurs, nous exprimons notre gratitude à la direction du Crem, pour avoir tout mis en œuvre afin que cet ouvrage puisse voir le jour. Nous voulons dire merci aux professeur.e.s Jacques Walter Angeliki Monnier et Stéphane Dufour.

Nos remercions également Laurent Di Filippo, ancien président de l'AJC Crem et actuellement chercheur au Crem pour ses précieux conseils. Enfin, notre reconnaissance va aux membres de l'AJC Crem pour leurs contributions à la pérennisation de l'Association.

Merci infiniment à toutes et à tous !

Préface

Julien Falgas,

Maître de conférences en sciences de l'information et de la communication

Centre de recherche sur les médiations (CREM)

Université de Lorraine

Narration pour une définition info-communicationnelle

Dans leur appel, les organisateurs du colloque *Mettre en récit. Enjeux des formes contemporaines de narration*, sollicitaient les contributions de jeunes chercheurs en ce sens :

> « Qu'il s'agisse d'œuvres littéraires, cinématographiques, vidéoludiques, de la publicité, des discours politiques ou des réseaux sociaux, le récit se déploie aujourd'hui sous différentes formes ». Longtemps, il a été étudié dans sa forme littéraire et textuelle. Désormais, il est étudié au regard d'une variété de formes en lien avec des facteurs économiques, sociaux ou culturels. Par exemple, le domaine de la communication politique est marqué par les pratiques de *storytelling* (Salmon, 2008), celui de la création vidéoludique s'inspire de notions telles que celle de narration spatialisée (Murray, 1998), la didactique propose de considérer comme mises en récit productions d'apprenants et enseignements (Dormoy, 1996).

Cette diversité de formes peut être questionnée au regard de la narratologie et des théories du récit, la narration renvoyant à une tradition de recherche marquée par la littérature (Genette, 1972 ; Todorov, 1969). À condition toutefois de ne pas en faire « un usage purement instrumental » (Baroni, 2016 : 226).

L'étude de formes contemporaines de la narration doit donc s'accompagner d'un effort de théorisation du récit, et contribuer à faire évoluer les outils narratologiques qu'elle emprunte. Pour cela, il peut s'agir d'appréhender des objets en les considérant comme procédant d'une mise en récit, telles ces questions : quels récits du réel véhiculent les fake news relayées sur les réseaux sociaux ? Comment le *data journalism* qui s'appuie sur la représentation de données raconte-t-il une histoire sur la base de « faits purs » ?

En 2018-2022, le Centre de recherche sur les médiations consacre son projet scientifique aux « *Narrations de la société/Sociétés de la narration* ». Ce projet part du constat qu'il est communément admis que les formes narratives se transforment tout en étant omniprésentes dans les pratiques sociales. Il semble dès lors pertinent d'étudier les circulations à l'œuvre entre narratif et social.

C'est dans ce cadre que l'association des jeunes chercheurs du Crem a souhaité inscrire son colloque 2018. Mais au juste, qu'est-ce que la « mise en récit », et qu'est-ce qu'un récit, et qu'est-ce qu'une « narration » ?

Dans son *Introduction à la narratologie*, la linguiste Revaz (2009) constate qu'il est impossible de fournir une définition univoque au récit comme à la narration. Comme dans bien des domaines, la définition de leur objet de recherche constitue un vif sujet de débat pour les narratologues. N'ayant aucune prétention en matière de narratologie, je poserai ici une définition de la narration située au regard du projet et du contenu des actes du colloque *Mettre en récit*. Cette proposition s'appuiera sur les choix définitionnels qui ont fondé une recherche doctorale en sciences de l'information et de la communication (Falgas, 2014), choix qui avaient eux-mêmes bénéficié dès 2011 d'échanges stimulants avec mes pairs au sein de l'AJC Crem.

Françoise Revaz repère plusieurs propriétés qui permettent de définir le degré de narrativité. Ainsi, toute narration consiste en une représentation d'actions ou d'évènements, dont les propriétés cumulées déterminent le degré de narrativité :

- la *chronique* se caractérise par l'inscription dans une chronologie ;
- la *relation* se caractérise par l'existence de liens de causalité entre les actions ou évènements successifs ;
- le *récit* au sens strict nécessite pour sa part une mise en intrigue, « c'est-à-dire un mode de composition comportant un nœud et un dénouement » (*Ibid.* :128).

Dès lors, on peut considérer que *raconter* c'est représenter une succession d'actions ou d'évènements. L'*histoire* est constituée de cette succession d'actions ou d'évènements et la *narration* désigne la *représentation* de l'*histoire*. Quant au *récit*, dans une perspective info-communicationnelle et au-delà de la mise en intrigue, il désigne l'*acte de communication* par lequel s'incarne la *narration*. Le *récit* doit être situé à la fois dans la pluralité de médias auxquels il peut recourir pour incarner la *narration* et dans la pluralité des formes de discours avec lesquelles le discours narratif est en co-présence (pour ne pas dire en concurrence).

Histoire	Succession d'actions ou d'évènements (réels ou fictifs)
Raconter	Représenter une Histoire
Narration	Représentation d'une Histoire
Récit	Acte de communication de nature narrative

Fig. 1 Histoire, narration, récit : ce dont raconter est le nom

Dans *Des récits* (Barthes, 1966), Roland Barthes affirme que « le récit est présent dans tous les temps, dans tous les lieux, dans toutes les sociétés ; le récit commence avec l'histoire même de l'humanité ». La place prépondérante du récit dans les cultures traditionnelles s'explique par la nécessité de relier l'information, de la structurer pour lui donner du sens. Au récit oral originel s'est substituée « une variété prodigieuse de genres, eux-mêmes distribués entre des substances différentes » (*Ibid.* : 1). C'est dire si le récit est confronté aujourd'hui à une vaste pluralité médiatique. Parallèlement, nos sociétés ont développé une large variété de formes de discours non narratives pour transmettre les valeurs et les savoirs.

À travers la diversité des formes médiatiques qu'il emprunte et face à la diversité des formes de discours non narratives, le récit n'est aujourd'hui bien souvent plus abordé que comme une expérience esthétique ou de divertissement. Les industries culturelles en ont fait un produit de consommation courant. Le récit comme moyen de transmission de valeurs est aujourd'hui instrumentalisé sous le vocable anglo-saxon *storytelling*, qui désigne une méthode de communication utilisée pour séduire ou convaincre autour des valeurs d'une marque ou d'une organisation (Salmon, 2008).

L'ère numérique place le récit dans une situation plus problématique encore. Avec Internet, la grande variété de médias que le porteur d'une histoire pouvait solliciter pour formuler son récit, tout comme les différentes formes de discours qui concurrençaient déjà le récit, convergent sur les mêmes écrans de l'hypermédia numérique. Dans ce contexte nouveau, non seulement le récit ne va pas de soi, mais il est appelé à se réinventer à travers la rencontre, sur les écrans, de médias dont les langages évoluaient jusque-là dans des espaces bien distincts.

Quelle que soit la forme du récit néo-médiatique, il doit aussi composer avec la concurrence des autres formes de discours. Valérie Beaudouin identifie deux pôles traditionnellement distincts et qui convergent aujourd'hui sur les supports numériques : la publication et la conversation (Beaudouin, 2002). L'indistinction grandissante entre la publication et la conversation, conjuguée à l'enchevêtrement en apparence paradoxal du ludique et du narratif (Falgas, 2004), marque le retour à une forme de communication plus proche de l'oralité que ce à quoi la culture de l'imprimé nous avait habitués.

Le linguiste Jacques Bres retrace l'évolution de la narratologie à partir de l'approche sémiotique qui fonde la narrativité en immanence jusqu'à l'approche pragmatique d'une narrativité resituée dans l'interaction verbale par William Labov, en passant par l'herméneutique de Paul Ricoeur (Bres, 1994). Mais, dès lors que l'on aborde le récit en tant que pratique sociale, en tant qu'acte de communication, les approches narratologiques ou sémiotiques touchent à leurs limites. En tant que document, le récit numérique peut être considéré comme « *medium* » au sens de Roger T. Pédauque (Pédauque, 2003), c'est-à-dire « comme un phénomène social, un élément tangible d'une communication entre des personnes humaines » dont le récit/document est la trace.

La fabrique de la narration

S'intéressant aux représentations artéfactuelles telles que les textes, les plans, les films ou les images, Howard S. Becker découpe le processus de communication en quatre étapes qui composent ce qu'il appelle la « fabrique des représentations » (Becker, 2009 : 34-40) : le producteur fabricant procède tout d'abord à la *sélection*, nécessairement partielle, des données qui seront représentées ; il en réalise la *transcription* selon des standards propres à son médium et qui doivent permettre aux usagers de juger acceptable la représentation qui en découlera ; vient ensuite la *mise en ordre des données*, c'est-à-dire le ton, les choix esthétiques (typographie, graphisme, etc.) adoptés par la représentation ; enfin les usagers procèdent à l'*interprétation* à partir des connaissances et des compétences dont ils disposent.

Considérant le *récit* comme un *acte de communication* (raconter, c'est une manière de *communiquer*) incarné dans la *narration* en tant que *représentation*, l'*histoire* constitue la *sélection* des actions et des événements successifs, elle est *transcrite* selon les standards d'un médium donné, et *mise en ordre* par des choix esthétiques et stylistiques, avant d'être *interprétée* par ses publics.

Lorsque l'on s'interroge sur l'innovation narrative, c'est-à-dire l'émergence de nouvelles formes narratives, il s'agit de comprendre comment certains récits de forme narrative inédite parviennent à poser des jalons, c'est-à-dire à établir des standards de *transcription* et à inscrire des routines d'usage pour leur *interprétation*, tout en racontant des histoires attractives (soit *sélectionner* et *mettre en ordre des données*).

Fig. 2 La fabrique de la narration, en tant que représentation au sens de H.S. Becker

1. *Sélection*	Histoire	Succession d'actions ou d'évènements (réels ou fictifs)
2. *Mise en ordre*	Raconter	Représenter une Histoire
3. *Transcription*	Narration	Représentation d'une Histoire
4. *Interprétation*	Récit	Acte de communication de nature narrative

Mettre en récit, enjeux des formes contemporaines de la narration

Les diverses contributions compilées dans ces actes offrent en la matière un large panel de cas et d'exemples. Ce faisant, elles témoignent de la richesse et de la variété des approches disciplinaires possibles, qui toutes concourent à éclairer l'innovation narrative. Ces actes s'ouvrent sur des travaux consacrés aux dispositifs narratifs dans les champs médiatiques et artistiques.

Manel Sammoud applique à la publicité le concept de « complexité narrative » avancé par Gilles Lipovetsky et Jean Serroy afin d'aborder les évolutions du cinéma à l'ère numérique. Afin de proposer l'analyse de trois courts-métrages publicitaires, il s'appuie sur les trois régimes d'image que sont l'image-excès, l'image-multiplexe et l'image-distance. Au-delà de cet exercice, ce premier texte rappelle qu'au travers de leurs publicités, les marques sont à l'origine de tout un pan des formes contemporaines de narration qui pèsent de plus en plus sur la *transcription* et *l'interprétation* des narrations en général.

Pour autant, les artistes n'ont pas abandonné le terrain narratif, comme le montre la contribution de Françoise Chambefort. Cette dernière s'intéresse aux *data artists*, qui instaurent un régime de fiction spécifique par l'utilisation de flux de données en temps réel. Sans y trouver un nouveau régime de fiction, Françoise Chambefort suggère que l'oscillation entre les faits auxquels réfèrent les données et la fiction que constitue l'installation artistique concourt à renforcer la création de sens pour le spectateur devenu personnage de la fiction. Ce n'est pas un, mais deux récits auxquels le spectateur est ainsi confronté au sens de Ricœur : un récit configurant fondé sur la *sélection* des données qui concourt à leur mise en récit et un récit intrigant constitué par l'expérience d'*interprétation* offerte au spectateur. Et Françoise Chambefort de conclure : « le réel donne à la fiction la force de sa contingence tandis que la fiction apporte au réel sa puissance émotive ». Souvent confondue avec la narration, la *fiction* apparaît ici comme un pôle de la représentation narrative dont le pendant serait l'ancrage au réel. Dans l'antépénultième contribution de ces actes, Danielle Valla offre à ce sujet un éclairage complémentaire.

Les trois contributions suivantes s'attachent aux récits numériques de témoignage.

Mirta Desnica analyse les témoignages publiés sur le réseau socionumérique Twitter dans le cadre du mouvement *Balance ton porc* pour donner suite aux accusations publiques de harcèlement sexuel et d'agressions sexuelles contre le producteur hollywoodien Harvey Weinstein. En se situant dans une perspective sémio-discursive et en adoptant une approche textuelle du récit, l'étude porte sur la mise en discours et la mise en récit des violences rapportées par les femmes. L'auteure examine ainsi les formes que le témoignage prend en lien avec les possibilités et les contraintes du dispositif qui en détermine les conditions de production ainsi que les degrés de narrativisation, les thèmes, les personnages et les modèles narratifs récurrents dans ces témoignages. Cette approche met en lumière l'assimilation des codes de *transcription* propres au dispositif Twitter, mais aussi la perpétuation sur support numérique des récits des victimes de violences sexuelles. Compte tenu de la *mise en ordre* d'une sélection d'événements caractéristiques, selon un schéma narratif récurrent, animé de personnages archétypaux (l'agresseur, la victime, les témoins, les proches, la police) le plus souvent anonymes, ces témoignages peuvent être compris comme une manière de dénoncer non pas des personnes mais des comportements et des attitudes. À la faveur de cette *interprétation*, c'est tout le continuum de violences sexuelles et sexistes qui est illustré, de la parole sexiste jusqu'au viol.

Blandine Rousselin s'attache à la mise en récit des troubles mentaux sur les espaces numériques. À partir d'un corpus de 20 espaces de publication et d'entretiens semi-directifs avec dix créateurs, Blandine Rousselin développe trois exemples. Les deux premiers relèvent de l'autofiction : le blog de W. qui narre son trouble bipolaire à la manière d'une série TV et le blog BD de L. qui a un trouble du spectre de l'autisme. De par leurs cadres de *transcription* et d'*interprétation* à la fois ouverts et largement répandus, les outils du Web permettent à des individus qui n'auraient pas pu s'exprimer autrement de le faire et de partager leurs récits avec des lecteurs, mais aussi d'entrer en conversation avec eux. Le récit autobiographique de A. prend quant à lui plusieurs formes : textes, vidéos en direct et en différé, dessins et photographies qu'elle partage avec des milliers de personnes via Facebook, YouTube, Instagram, Twitter et une newsletter. A. lutte contre sa propre maladie sous une forme qui n'est ni vraiment un journal ni un échange de lettres mais un nouveau type de récit partagé via les outils du Web, qui lui permettent d'avoir des interactions avec ses lecteurs. Ces interactions soutiennent sa démarche et contribuent également à la faire connaître à d'autres malades qui y trouvent un soutien à leur tour. Les échanges peuvent se faire uniquement sur le Web mais également se poursuivre en rencontres dans le « monde réel ». W. et A. ont tous les deux créé des associations grâce à leur présence en ligne et aux échanges qu'ils ont eus avec des lecteurs.

Dans la dernière contribution portant sur le témoignage, c'est Arnaud Bubeck qui témoigne à partir d'une enquête qui visait à dégager des pistes de réflexion pour améliorer l'accompagnement des patients souffrant à la fois de troubles psychiatriques et d'addiction(s). La pratique d'entretiens à visée sociologique avec des soignants et des patients lui permet de mettre en lumière l'importance de la circulation des informations, savoirs, idées et croyances entre ces derniers. Ces cadres de référence sont le matériau des récits de vie de chacun. Récits dont la véracité importe moins que le sens qu'ils permettent de structurer et de partager avec autrui, notamment quant à la place à la fois dangereuse et nécessaire qu'occupe l'addiction dans l'existence des patients. Or, Arnaud Bubeck constate que la capacité des malades à mettre leur vie en récit est bien souvent empêchée ou entravée par la discrimination dont ils peuvent être victimes du fait du clivage institutionnel entre psychiatrie et addictologie. En l'occurrence, le travail d'Arnaud Bubeck atteste de la nécessité sociale, si ce n'est thérapeutique, de bâtir une fabrique de la *narration* pour la mise en récit de la vie de ces patients.

Entre narration et action, le cas des fanfictions permet d'aborder l'appropriation et l'adaptation des techniques du récit. En posant comme postulat que la publication de fanfictions n'est pas une activité isolée – c'est-à-dire qu'elle induit des échanges entre pairs – Aurore Deramond cherche à « remettre de l'ordre dans les dynamiques relationnelles qui mènent non seulement à la réappropriation, à l'extension et à l'échange de contenus, mais aussi à la production de ressources communautaires dont le partage peut se révéler inégalitaire ». Elle s'appuie pour ce faire sur un corpus composé de 71 entretiens semi-directifs avec des auteurs de fanfictions francophones. À travers ce premier compte rendu sociographique, Aurore Deramond cherche à montrer que le milieu des fanfictions sur Internet est régi par un ensemble de règles collectives de *transcription* qui donne lieu à une formalisation des récits produits. Au moment de l'*interprétation*, ils sont reconnaissables en tant que fanfictions et identifiables par les différents acteurs du milieu et par ceux qui gravitent en sa périphérie. Selon que l'écriture se développe comme celle de récits « de fans faits pour les fans », ou bien de manière plus personnelle, les interactions observées avec les autres lecteurs et les différents auteurs.

Entre société et mémoire, les deux contributions suivantes interrogent la construction et la reconstruction narrative des identités individuelles et collectives.

Souad Bahri a collecté un corpus de récits hagiographiques donnés par les gardiens de mausolées de la région de Mascara (Algérie). Très codifiés dans leur *transcription*, ces récits relatent une *sélection* de moments de la vie et de miracles prêtés au saint. Pour ce faire, le *muqadmîn* développe divers procédés de distanciation et se positionne en dehors de la diégèse. Cependant, il reste présent dans son récit au travers de différentes marques énonciatives qui contribuent, au moment de l'*interprétation*, à le positionner en tant que guérisseur et thaumaturge au sein de sa communauté.

Marion Fournier décrit quant à elle comment l'artiste se fait témoin d'un milieu, d'une époque, de rituels et de goûts. Art de l'espace, la danse se voit investie du récit de vie et, par la *sélection* ainsi que la *mise en* ordre des actions et des évènements constitutifs du récit, l'œuvre raconte une histoire personnelle, celle du danseur, pour englober dans une histoire plus vaste, celle d'une compagnie, puis celle de la danse et des arts.

Les nouvelles formes de mise en récit illustrées par ces diverses contributions mettent à l'épreuve l'écriture littéraire.

Danielle Valla explore la manière dont Delphine de Vigan met en œuvre son tourment dans un récit autofictionnel, le roman *D'après une histoire vraie*, dont le personnage principal porte le même prénom qu'elle et partage avec elle bien des similitudes. Danielle Valla montre d'une part, que le tourment se dit dans le roman par la mise en œuvre d'une structure hybride à travers les pratiques intertextuelles et le brouillage des frontières entre autobiographie, autofiction et fiction. Dans l'œuvre la *mise en ordre* entremêle *sélection* de faits réels et fictifs au point que l'on n'arrive pas à les dissocier. D'autre part, le récit du tourment permet à De Vigan de prendre part aux débats théoriques autour de la création littéraire pour exprimer une position en faveur d'une prédominance de la fiction face au prétendu réalisme des « histoires vraies ».

Au travers de l'étude de l'adaptation à l'opéra par François Paris du roman *Maria Republica* de Agustin Gómez-Arcos, Cyril Délécraz montre comment les technologies numériques contribuent, de par leurs codes de *transcription*, à renouveler la narrativité du roman. La technologie constitue un outil lyrique qui rend compte, de manière implicite, du triomphe de la République espagnole sur le régime franquiste. Des empilements harmoniques automatisés subliment le thème du double, tandis que des couleurs d'intervalles spécifiques caractérisent le degré d'intimité entre les divers personnages. S'attachant au travail sonore dont peu d'entre nous sont aussi familiers que Cyril Délécraz, cette contribution montre combien l'*interprétation* découle pour une large part de choix de *transcription* qui s'adressent bien souvent à l'affect et au ressenti plus qu'à la conscience ou à la raison.

Enfin, à partir de l'analyse d'une série de billets publiés par l'écrivain Éric Chevillard sur son blog au cours du mois d'octobre 2017, Fanny Siaugues souligne le caractère incomparable de ce cadre de réception et d'*interprétation* avec celui de l'édition imprimée de ses textes. Bien qu'il semble s'être désintéressé des possibilités de partage associées au numérique et à ses codes de *transcription*, et que la publication ne s'accompagne d'aucun espace qui permette aux lecteurs d'y réagir par des commentaires, Éric Chevillard inscrit sa pratique scripturale dans une *mise en ordre* par la quotidienneté et une sérialité avec lesquelles rompt la publication imprimée.

Bibliographie

Baroni, R. (2016). L'empire de la narratologie, ses défis et ses faiblesses. *Questions de communication, 30*(2), 219-238.

Barthes, R. (1996). Introduction à l'analyse structurale des récits. *Communications, 8*(1), 1-27. https://doi.org/10.3406/comm.1966.1113.

Beaudouin, V. (2002). De la publication à la conversation. *Réseaux, 116*, 201-25. https://doi.org/10.3917/res.116.0199.

Becker, H. S. (2009). *Comment parler de la société : artistes, écrivains, chercheurs et représentations sociales.* Paris, Éd. La Découverte.

Bres, J. (1994). *La narrativité*, Louvain-la-Neuve, Duculot.

Dormoy, D. (1996). Narrateur et point de vue ou comment raconter. *Repères, recherches en didactique du français langue maternelle, 13*, 165-190. www.persee.fr/doc/reper_11571330_1996_num_13_1_2183

Falgas, J. (2004) *Toile Ludique, vers un Conte Multimédia | v1.0.* Mémoire de maîtrise d'Arts Plastiques, Université de Metz, http://julien.falgas.fr/aws_career/maitrise-darts-plastiques/.

Falgas, J. (2014). *Raconter à l'ère numérique : auteurs et lecteurs héritiers de la bande dessinée face aux nouveaux dispositifs de publication.* Thèse de doctorat en Sciences de l'information et de la communication, Université de Lorraine. http://docnum.univ-lorraine.fr/public/DDOC_T_2014_0112_FALGAS.pdf.

Genette, G. (1972) *Figures III.* Paris, Éd. Le Seuil.

Murray, J. (1998). *Hamlet on the Holodeck – The Future of Narrative in Cyberspace.* Cambridge, MA, The MIT Press.

Roger T. Pédauque. (2003). Document : forme, signe et médium, les re-formulations du numérique. *Archives SIC.* http://archivesic.ccsd.cnrs.fr/sic_00000511/fr/.

Revaz, F. (2009). *Introduction à la narratologie : action et narration.* Bruxelles, De Boeck.

Salmon, C. (2008). *Storytelling. La machine à fabriquer des histoires et à formater les esprits.* Paris, Éd. La Découverte.

Todorov, T. (1969). *Grammaire du Décaméron.* La Haye, Mouton.

Les courts-métrages publicitaires web : la *complexité narrative* en question

Manel SAMMOUD

Doctorante en sciences du cinéma, de l'audiovisuel, des technologies de l'art et des médiations artistiques

Université de Carthage, Tunisie

Résumé : À l'ère digitale, le recours au récit prend dans la publicité des formes extrêmement variées (Adam, Bonhomme, 2007 : 132). Désormais, loin des structures du récit minimal (Courtés, 2003 : 79) construites autour du produit et de ses bénéfices fonctionnels, certaines marques se propulsent vers de nouveaux récits de situations émouvantes, à partir de l'immatérialité de leurs traits de caractères, de leurs valeurs et de l'image qu'elles projettent sur les consommateurs (Gillibert, Cassignol, Creusy, 2016 : 18). C'est ainsi que « l'évocation du produit - néanmoins sa mise en récit - s'y spectacularise et s'y dramatise [...], s'y diversifie et se régénère [...] » (Péninou, 2001). En effet, en mariant un savoir-faire en communication numérique avec les modes de production hérités de l'audiovisuel, la publicité, dans ses tendances avancées, s'est inscrite dans l'espace de complexité narrative (Lipovetsky, Serroy, 2011). Cet article propose une analyse sémiotique de trois courts-métrages publicitaires largement chargés et échangés sur le Net, via les réseaux sociaux et YouTube, dont celui de T-mobile (2011), Cartier (2012) et Dove (2013).

Mots clés : récit, court-métrage publicitaire, excès, multiplexité, distanciation, complexité narrative.

Dans le continuum[1] écranique connecté, le recours au récit prend dans la publicité des formes extrêmement variées (Adam, Bonhomme, 2007 : 132). Désormais, loin des structures du récit minimal, construites autour du produit et de ses bénéfices fonctionnels (Courtés, 2003 : 79), le récit publicitaire se dépublicitarise (Berthelot-Guiet, 2015) et les marques semblent déconnectées du réel et du produit. C'est ainsi qu'elles se dématérialisent (Gillibert, Cassignol, Creusy, 2016 : 18). Les voici penchées d'emblée sur l'imaginaire, l'inattendu (Bruner, 2002), la curiosité, le suspense (Sternberg, 1992) et la légèreté (Lipovetsky, 2015), tout en confirmant leurs ancrages culturel et idéologique dans les sociétés postmodernes (Lyotard, 1979 ; Firat et al, 1995), voire hypermodernes (Lipovetsky, Charles, 2004 ; Aubert, 2004 ; Aubert et Haroche, 2011). En effet, en mariant un savoir-faire en communication numérique avec les modes de productions hérités de l'audiovisuel, elles se sont inscrites dans l'espace de complexité narrative (Lipovetsky, Serroy, 2011). Leur pouvoir fantasmé de la mise en récit s'immisce dans un autre pouvoir, celui de l'excès, de multiplexité et de distanciation (*ibid.*). Pour étudier ces processus, nous avons opté pour l'analyse de trois courts-métrages publicitaires web, dont celui de T-mobile (2011), Cartier (2012) et Dove (2013). Le choix de ces films s'est appuyé sur l'hypothèse de François Jost (1998) stipulant une catégorisation des genres télévisuels en fonction de trois « mondes »[2] :

- réel : mode authentifiant (fonction configurante du récit : le cas de Dove)
- fictif : mode fictif (fonction intrigante du récit de fiction : le cas de Cartier)

[1] Chambat, P. (1994). Usages des technologies de l'information et de la communication (TIC) : évolution des problématiques. *Technologies de l'information et société, 6*(3), 249-270.

[2] Du point de vue communicationnel, nous nous rapprochons ici, le modèle dynamique de la communication des mondes de la télévision au monde de la publicité (Jost, 1998).

- ludique : mode ludique (attractions sur scène : le cas de T-Mobile).

De façon encore plus représentative, ces éléments de corpus ont été choisis car ils répondent également aux critères d'une mise en récit qui met en scène l'image-excès, l'image-distance et l'image-multiplexe, développées dans les travaux de Lipovetsky et Serroy (2011).

C'est dans cette optique d'une nouvelle « scénographie locutive » (Soulages, 2013) du récit publicitaire, que nous posons la question suivante : comment l'image-excès, l'image-distance et l'image-multiplexe participent-elles à la construction de la complexité narrative publicitaire ?

Vers une narrativité de distanciation : le cas de T-mobile, *Angry Birds live* (2011)

Depuis quelques années, les consommateurs ont pris l'habitude de sélectionner la publicité en évitant consciemment ou inconsciemment leur exposition au message. C'est pour cela que les marques se trouvent dans la nécessité de reconsidérer leur propre perception du monde, des objets, ainsi que de leurs relations avec leurs publics cibles. Graduellement, elles tendent à apparaître comme porteuses de plaisirs, de frivolité, de fortes sensations et de divertissement. Il ne s'agit plus de raconter de belles histoires, mais de communiquer à travers le récit, de créer des représentations du réel, pour construire des liens émotionnels avec le public. Dans ce contexte, T-Mobile[3] est passé maître dans ce type de contenu. C'est en 2011, sur la place Nova Terrassa à Barcelone, que l'opérateur avait l'ambition d'imprégner physiquement les passagers, par une mise en scène qui les sollicite par le biais d'un jeu de tir-combat en live. En effet, en s'inspirant du jeu vidéo *Angry Birds*, l'opérateur télécom s'est déplacé davantage sur « le terrain de l'expérientiel » (Hirschman, Holbrook, 1982). Le principe du jeu consiste à projeter

[3] Filiale de Deutsche Telekom, T-Mobile est essentiellement présente en Europe (Allemagne, Autriche, Hongrie, Pays-Bas, Pologne, Royaume-Uni, Slovaquie, Croatie, etc.) ainsi qu'aux États-Unis.

des oiseaux hors du dispositif, avec un lance-pierre contre les cochons verts, placés sur ou à l'intérieur de différentes structures. Le film *Angry Birds Live*[4] d'une durée d'une minute et 40 secondes, a réalisé plus de 19 millions de vues et a été partagé plus de 25 millions de fois en seulement sept jours[5] . Dans ce contexte ludique le récit, tel que présenté par Hilary Dannenberg, « ne se contente pas de raconter une histoire, mais tisse au contraire une toile riche et ontologiquement multidimensionnelle de mondes possibles alternatifs » (Dannenberg 2004 : 160, traduction de Marti et Baroni[6]). Dès lors, le spectateur/joueur, provoqué par l'ambiance particulière de la mise en scène T-Mobile, contribue à agir sur le récit qui s'offrira à lui grâce à son « agentivité » (*« agency »*) (Murray, 1997 : 126-153). Ses actions seront ensuite reproduites devant lui à travers un dispositif événementiel. Impressionné par une intrigue « ficelée » dans le sens où il y a une continuité spatiale de sa progression, il se projette d'emblée - comme dans une intrigue vidéoludique « jouée » (Marti, 2014) - dans l'action exécutée et s'évade vers un monde réel et palpable, hors de l'écran. Animée ainsi par des saxophonistes réinterprétant la musique du jeu vidéo *Angry Birds*, la mise en scène ressemble à une animation récréative, à un festival ou encore à une fête.

Ce qui nous intéresse ici, c'est le fait que la mise en scène T-Mobile contribue à faire émerger la présence d'un « je », et ceci de deux manières différentes. D'une part, un « je » « *ludens* » (Huizinga, 1988) encore « *festivus* [7] ». Ce « je » se voit « se situer » dans l'espace-temps réel du jeu, également dans le récit. D'autre part, la présence de ce « je » se manifeste également dans l'espace-temps filmique du jeu. Selon nous, cela est plus pratique à mettre en œuvre car - et comme nous le montrerons dans ce qui suit - le « je » transcende le « récit de soi » pour devenir un « récit de marque ». Flanqués devant leur smartphone, les spectateurs prennent la mise en scène directement en photo, puis ils la partagent, en déposant les photos

---

[4] https://www.youtube.com/watch?v=jzIBZQkj6SY&t=3s.

[5]http://blog.lefigaro.fr/medias/2011/06/viral-t-mobile-propulse-angry.html

[6] Voir également : Baroni, R. Marti, M. (2014). De l'interactivité du récit au récit interactif. *Cahiers de Narratologie.* 27. https://doi.org/10.4000/narratologie.7077

[7] Muray, P. (2005). *Festivus, festivus. Conversations avec Elisabeth Lévy.* Paris, Fayard.

sur un site, sur un blog, sur Instagram et sur Facebook, etc. La photo, le *selfie* ou la vidéo partagés - que nous désignons ici par image(s)-distance et qu'on reconnaît par les expressions codifiées « ...est à », « j'y étais », ou « ...était en direct » - témoignent visuellement de l'expérience publicitaire vécue. Cette dernière, souvent partagée en direct, n'est qu'une servitude volontaire à « s'exposer dans l'immédiateté de son expérience en train de se vivre » (Lipovetsky, Serroy, 2013 : 153-168). C'est dans ce sens, que les participants et les spectateurs trouvent une justification de leur « être(s)-là » dans le monde, qui va de pair avec leur volonté d'exister avec un collectif[8] , voire de perpétuer le lien entre eux. Désormais, le partage de photos ou de vidéos est susceptible de nourrir des conversations sur les réseaux sociaux et d'engager la prise de parole en un simple clic : « j'aime/j'aime pas », en commentaire ou en « tweet ».

Dans ce sens, la narrativité se trouve enrichie de toutes les possibilités liées à Internet en tant qu'espace d'expression et terrain de jeu « d'un imaginaire de la visibilité » (Aubert, Haroche, 2011). C'est justement grâce à l'image-distance permettant de « faire le lien avec les autres » (Lipovetsky, Serroy, 2011) que la narrativité demeure soumise aux « sacrés des petits bonheurs » et aux « petits plaisirs » (*Ibid.*, 2013). Ainsi, à la faible narrativité proposée s'ajoutent le ludique, le festif et « le bien-être sensitif », en tant que vecteurs d'agencement d'un nouveau discours narratif, qui vient en réponse aux attentes liées à la nouveauté et à l'originalité d'un hyper consommateur en quête de divertissements démultipliés. Parce que de nature « être racontant » (« *homo narrans* »), ce dernier raconte un « récit de soi », devenant désormais un « récit de marque » selon lequel il arrive à donner forme à son expérience. Au sens de Lipovetsky et Serroy (2013), « être narratif » sur le Web pour une marque ou une entreprise, c'est offrir un lieu hybride où l'existence humaine prend forme et où l'identité narrative d' « *homo aestheticus* » s'affirme.

---

[8] Daux-Combaudon, A-L. Goudin-Steinmann, E. Trautmann-Waller, C. (2017). Récit de l'espace / Espace du récit en contexte germanique. *Cahiers de Narratologie, 31 bis.* http://journals.openedition.org/narratologie/7644

Vers une narrativité en « excès » : le cas de Cartier, *L'Odyssée de Cartier* (2012)

« Un produit est commercialisation. Une marque est narration »[9] . Elle a une origine et une histoire. C'est ainsi qu'on voit évoluer inexorablement certaines marques - les marques de luxe notamment - vers un contenu qui en raconte l'histoire. En effet, depuis les années 2000, le champ de la communication s'est enthousiasmé pour un nouveau mot : le *storytelling* (Salmon, 2007 ; Durand, 2011 ; Fontana, 2016). Nous citons comme exemple de *storytelling* le film *L'Odyssée de Cartier* (2012) qui a connu un beau succès d'audience avec plus de 20 millions de vues sur YouTube. Ce film est une allégorie de la marque selon une mise en intrigue choisie par les *storytellers* qui ordonnent la succession d'événements en l'exposant selon un ordre chronologique fictionnel, et avec lequel ils confrontent deux expériences temporelles distinctes : celle de la fiction, et celle de la réalité (Ricoeur, 1984).

Le récit peut se résumer ainsi : Au 13 rue de la Paix à Paris[10] , en une perspective du plan, une panthère en or gris toute sertie de diamants et d'émeraudes, se trouve placée dans une vitrine sur un piédestal au centre d'un bâtiment en coupe à colonnes. En une vue plongée, un rai de lumière s'infiltre à travers la coupole en verre et la statue de la panthère prend instantanément vie. En un très gros plan, son regard se tourne vers la caméra filmante faisant disparaître l'illusion de l'invisibilité de cette dernière pour rejoindre directement le spectateur. Sur la bague Trinity, la panthère - à la fois prédatrice et élégante, féline et sensuelle - prend appui et quitte le dôme vers un monde enchanté des lieux emblématiques de l'histoire de la marque : du Grand Palais de Paris, à la Grande Muraille de Chine (métamorphosée en un dragon en fuite), du palais d'un maharadjah en Inde (bâti sur le dos d'un éléphant), au musée de l'Ermitage à Saint-Pétersbourg. Au passage, les plans sont parsemés des plus célèbres créations de la Maison : la montre Santos-Dumont, première montre-bracelet, au poignet de l'aviateur

[9] Lewi, G. (2019). *Devenir une marque mythique : storytelling et digital*, Paris, Vuibert.

[10] Adresse actuelle et cœur historique du savoir-faire de l'entreprise Cartier, à quelques mètres de la colonne Vendôme.

ami de Louis Cartier ; le bracelet Love, les trois anneaux Trinity ou encore les colliers ornés du serpent et du crocodile commandés par la célèbre actrice mexicaine Maria Félix. La panthère entame son voyage parsemé de motifs fantastiques, à travers tous les continents pour finalement se retrouver à Paris sur la Place Vendôme, un retour sur le lieu d'origine. À la tombée de la nuit, l'animal icône et emblème de la marque, rejoint sa maîtresse, une femme sensuelle aux mouvements très souples et longs. En un plan rapproché sur sa main, un bracelet en forme de panthère, dont les pierres rappellent le bijou des premières secondes du film, apparaît. La panthère se laisse caresser, et de la main de la femme s'échappent quelques diamants, restés dans son pelage (rappelant l'éclosion du début du film). La femme et la panthère partent en marchant et le récit se clôt enfin par un insert sur l'écrin rouge Cartier qui se referme sur elles.

Ce film de trois minutes et 30 secondes révèle « une sur-sémiotisation d'éléments faisant récit (unité temporelle, enchaînement d'actions, construction d'un univers diégétique, registres de l'épopée, du fantastique et de l'onirique, procédés métonymiques et métaphoriques, etc.)[11] ». Et c'est là que le discours narratif joue sa propre scène relevant des genres de la science-fiction, du fantastique et du merveilleux. *L'Odyssée de Cartier* de Bruno Aveillan est une invitation au voyage, à la poésie « là, (où) tout n'est qu'ordre et beauté, luxe, calme et volupté[12] ». Des « images-excès » à fort pouvoir d'évocation narrative transmettent une nouvelle proximité désirable d'un monde fascinant, lointain et virtuel. On est plongé dans un monde « hyperréel » menacé d'un excès de signification, comme le décrivait Baudrillard[13] . C'est dans ce contexte que nous mettons en avant la narrativité comme étant « si loin, si proche » telle que présentée par Stéphane Galienni[14]. En

---

[11] Abid-Dalençon, A. (2015). « Ceci est un récit » : prétentions et imaginaires narratifs en régime médiatique et marchand. *Itinéraires, 2015-1.* https://doi.org/10.4000/itineraires.2647

[12] Baudelaire, C. (1857). *Les Fleurs du mal.* Paris, Poulet-Malassis & De Broise.

[13] Baudrillard révèle l'absence du monde réel qui l'intrigue et qu'il représente à travers toute son œuvre. Baudrillard, J. (1981). *Simulacres et simulation*, Paris, Galilée.

[14] Directeur associé de Balistik Art et auteur de www.buzz2luxe.com le blog des décryptages de tendances du secteur luxe.

fait, une narrativité qui se manifeste par un excès formel de l'espace-temps filmique : multiplication des plans, virtuosité des cadrages, effets spéciaux, images de synthèse, le tout s'imposant en quelques plans, en quelques secondes. En amont, l'absence de la voix *off* favorise l'instauration d'un climat étouffant d'un réel secondaire fortuné où seules les images-excès fascinantes semblent compter, accompagnées d'une musique, elle-même inscrite dans une logique d'excès, au rythme effréné. Il s'agit d'un désir de fuir la réalité, là où tout devient possible, scintillant et fluide.

Vers une narrativité « multiplexe » : le cas de Dove, *Dove Real Beauty Sketches* (2013)

« Les marques doivent être plus que jamais « marque », c'est à dire « vision » du monde, exprimée en puisant dans les caractéristiques authentiques d'une identité assumée, définie clairement et source d'inspiration » (Gillibert, Cassignol, Creusy, 2016 : 18). C'est dans ce contexte que nous pouvons considérer Dove comme étant totalement « marque ». En effet, Dove a participé depuis 2004, à la construction/reconstruction de l'image de la femme contemporaine dont la beauté est naturelle, assumée et révélée par un combat contre des stéréotypes culpabilisants et sexistes. C'est en 2013 que cette marque s'est lancée plus que jamais vers - toujours en termes de beauté - la valorisation de la différence, du pluralisme et de la singularité individuelle.

Lors de sa campagne de communication Dove *Real Beauty Sketches*, la marque a invité des femmes à se décrire alors qu'un artiste expérimenté était chargé de réaliser leurs portraits-robots à l'aveugle. Cette expérience a été faite également avec d'autres personnes, qui viennent de rencontrer ces mêmes femmes et qui ont procédé à leurs descriptions. Ensuite, le portraitiste a dressé un second dessin sur la base de ces nouvelles descriptions. La différence entre les deux portraits, une fois exposés côte à côte, est flagrante. En effet, lorsque ces femmes sont décrites par d'autres personnes, elles apparaissent beaucoup plus belles que le portrait résultant de leur propre description. Les femmes, très critiques vis-à-vis d'elles-mêmes, ont tendance à mettre en avant leurs défauts lorsqu'elles se décrivent. « *You are more beautiful than you think. Watch the whole experience at dove. Com/ real beauty sketches* », et c'est ici que le logo Dove fait son apparition. La marque a publié quasiment simultanément la vidéo en 25 langues sur 46 chaînes YouTube, afin d'être vue dans plus de 110 pays. Le résultat : plus de 50 millions de personnes à travers le monde ont vu la vidéo « *Real Beauty Sketches* » de Dove dans les 12 jours suivant son lancement.

Le court-métrage Dove, dans ses deux versions – l'une de trois minutes et l'autre de six minutes – a su mettre l'accent sur la corde sensible : chaleur et bonheur. Cette manière moins conforme de raconter et de faire vivre l'expérience Dove, dans un cadre conversationnel, complexifie la narrativité du film : le recours au discours direct entre artiste et femmes en question, restitue les dialogues dans leur spontanéité et leur authenticité et met les spectateurs en situation d'entendre un dialogue en « temps » réel. Ainsi, le dialogue se présente comme un moyen de rendre l'action plus vivante. En position de narrateur, Dove vise à partager avec les vidéonautes les moments vécus par ces personnages et la nature de leurs émotions véhiculées, une fois se trouvant devant les deux esquisses totalement différentes. Le portraitiste Gil Zamora - également narrateur et acteur de l'expérience Dove - écrit dans ce sens : « Quand on m'a demandé de participer au film de Dove, j'étais loin de m'imaginer à quel point les portraits dessinés seraient différents »[15]. Toutes ces « expériences » ont fait « œuvres » d'une exposition porteuse d'espoir, de valeurs et d'ambitions.

La beauté c'est la diversité selon Dove. Chaque femme est appelée à mettre en valeur sa beauté singulière, à rejeter la beauté irréelle exaltée par les images médiatiques et à utiliser néanmoins les produits Dove. Ces derniers, assez peu impliquants, se trouvent totalement absents du contenu du récit. C'est ici que se manifeste la logique de multiplexité qui va jusqu'à ne rien dire du produit et où seules les expériences contribuant à renforcer l'estime de soi se succèdent (à l'exception des dernières secondes qui raccordent la vidéo au logo et donc à la marque). On remarque, encore une fois, un aspect caractéristique de la narrativité des courts métrages publicitaires web, celui d'éclatement du sujet des récits. Ce sont des récits qui quittent leur véritable sujet (produits) au profit d'un tout

---

[15] http://www.dove.com/ca/fr/stories/campaigns/real-beauty-sketches.html

compliqué et complexifié. Dove se révèle, dès lors, plus complexe et symbolique. Et c'est là une véritable raison de partager la vidéo. En effet, loin du récit minimaliste et grâce aux « image(s) multiplexe(s) », se manifeste, comme la décrivent Gillibert, Cassignol et Creusy (2016 : 139), une « puissance transformative », celle qui crée « de la valeur à la fois pour les consommateurs ainsi que pour les marques ».

Conclusion

En guise de conclusion, nous disons qu'en mobilisant l'« image-distance », l'« image-excès » et l'« image-multiplexe », T-Mobile, Cartier et Dove se sont trouvés en quête de narrativité « hyperesthésie » (Lipovetsky, Serroy, 2013), garant de plaisirs sensitifs, de réjouissances illimitées et développant des émotions perpétuelles. Les marques recourent à une narrativité qui se réfère à des espace-temps filmiques plus vastes dans lesquels ont été proposés les produits et/ou les services. Nous pouvons dire ainsi que leurs discours publicitaires ont en fait été des discours d'évitement qui ont servi de masque à la réalité de la production de la marchandise. Cette pratique de narrativité peut devenir une fenêtre large ouverte sur l'imaginaire débridé d'une marque dans laquelle on pénètre - activement et sémiotiquement – pour mieux s'y perdre, pour y flâner et rêver.

Bibliographie

Abid-Dalençon, A. (2015). « Ceci est un récit » : prétentions et imaginaires narratifs en régime médiatique et marchand. *Itinéraires, 2015-1*. https://doi.org/10.4000/itineraires.2647

Adam, J-M., Bonhomme, M. (2007). *L'argumentation publicitaire. Rhétorique de l'éloge et de la persuasion*. Paris, A. Colin.

Aubert, N.(dir.). (2004). *L'individu hypermoderne*. Toulouse, France, ERES.

Aubert, N., Haroche, C., (dirs.). (2011). *Les tyrannies de la visibilité : Être visible pour exister ?* Toulouse, ERES.

Baudrillard, J. (1981). *Simulacres et simulation*. Paris, Galilée.

Baudelaire, C. (1857). *Les Fleurs du mal*. Paris, Poulet-Malassis & De Broise.

Berthelot-Guiet, K. (2015). *Analyser les discours publicitaires*. Paris, A. Colin.

Bonhomme, M. (2013). Présentation. Vers une reconfiguration des discours publicitaires. *Semen, document 1*. http://journals.openedition.org/semen/9631

Bruner, J. (2002). *Pourquoi nous racontons-nous des histoires ?* Paris, Retz.

Chambat, P. (1994). Usages des technologies de l'information et de la communication (TIC) : évolution des problématiques. *Technologies de l'information et société, 6*(3), 249-270.

Courtés J.(2003). *La sémiotique du langage*. Paris, Nathan Université.

Daux-Combaudon, A-L. Goudin-Steinmann, E. Trautmann-Waller, C. (2017). Récit de l'espace / Espace du récit en contexte germanique. *Cahiers de Narratologie, 31 bis*. http://journals.openedition.org/narratologie/7644

Dannenberg, H. (2004). Ontological Plotting: Narrative as a Multiplicity of Temporal Dimensions. Dans J. Pier (dir.), *The Dynamics of Narrative Form. Studies in Anglo-American Narratology*, 159-189. Berlin & New York, Walter de Gruyter.

Durand, S. (2011). *Storytelling - Réenchantez votre communication.* Paris, Dunod.

Fontana, A. (2016). *Storytelling d'impresa.* Milano, Hoepli.

Firat, A.F., Dholakia, N., Venkatech, A. (1995). Marketing in a Postmodern World. *European Journal of Marketing*, 29(1), 40-56.

Gillibert, S., Cassignol, F., Creusy, O. (2016) *Design Branding : (Re)penser les marques par le Design Thinking.* Malakoff, Dunod.

Huizinga, J. (1988). *Homo ludens, essai sur la fonction sociale du jeu.* Paris, Gallimard.

Hirschman, E.C., Holbrook, M.B. (1982). Hedonic consumption: Emerging concepts, methods and propositions. *Journal of Marketing, 46*(3), 92-101.

Hoguet B., Chauvin M. (2016). *La narration réinventée, Interactivité et transmédia : Les secrets de fabrication. 6 œuvres qui racontent les nouveaux médias : fiction, documentaire, journalisme, jeu, bande dessinée, brand content.* Paris, Dixit éditions.

Jost, F. (1998). Quand y a-t-il énonciation télévisuelle ? Dans : Bourdon, J., Jost, F., (éds*), Penser la télévision.* Paris, Nathan.

Lewi, G. (2019). *Devenir une marque mythique : storytelling et digital.* Paris, Vuibert.

Lipovetsky, G., Charles, S. (2004). *Les temps hypermodernes.* Paris, Grasset.

Lipovetsky, G., Serroy, J. (2011). *L'écran global : du cinéma au Smartphone.* Paris, Points, Collection Points Essais.

Lipovetsky, G. Serroy, J. (2013). L'esthétisation du monde : vivre à l'âge du capitalisme artiste. Paris, Gallimard.

Lipovetsky, G. (2015). *De la légèreté*, Éd. Grasset.

Lyotard, J-F. (1979). *La Condition postmoderne*. Paris, Éd. de Minuit.

Marti M. (2014). La narrativité vidéoludique : une question narratologique. *Cahiers de Narratologie, 27 – 2014.* http://journals.openedition.org/narratologie/7009

Marti, M., Baroni, R. (2014). De l'interactivité du récit au récit interactif. *Cahiers de Narratologie, 27 – 2014.* https://doi.org/10.4000/narratologie.7077

Murray, J.H. (1997). *Hamlet on the Holodeck: The Future of Narrative in Cyberspace*. Cambridge, The MIT Press.

Muray, P. (2005). *Festivus, festivus. Conversations avec Elisabeth Lévy.* Paris, Fayard.

Péninou, G. (2001). Des signes en publicité. *Études de communication, 24.* http://journals.openedition.org/edc/986

Resche, C. (2016). *La mise en récit dans les discours spécialisés*. Collection « Aspects linguistiques et culturels des discours spécialisés », Berne, Peter Lang.

Ricœur, P. (1984). *Temps et récit. Tome II. La configuration dans le récit de fiction*. Paris, Éd. Le Seuil.

Salmon, C. (2007). *Storytelling, la machine à fabriquer des histoires et à formater les esprits*. Paris, Éd. La Découverte.

Soulages, J.-C. (2013). L'ordre du discours publicitaire. *Semen, 36.* http://journals.openedition.org/semen/9638

Sternberg, M. (1992). *Telling in Time (II): Chronology, Teleology, Narrativity*. Duke University Press.

Data Art et mise en récit

Françoise Chambefort

Chercheuse associée

Laboratoire édition, littératures, langages, informatique, arts, didactique, discours (ELLIADD)

Université de Bourgogne Franche-Comté

Résumé : Le *Data Art* est une tendance émergente de l'art numérique. Les *data artists* tentent de dépasser la visualisation esthétique des données pour proposer une représentation critique du monde. Données factuelles et récit fictionnel peuvent ainsi donner lieu à des objets narratifs hybrides. L'utilisation de flux de données en temps réel bouleverse la forme du récit et crée un régime de fiction spécifique, fait de va-et-vient entre la réalité du phénomène à la source des données et la fiction qui est donnée à percevoir dans l'œuvre. L'analyse de l'œuvre de Jonathan Fletcher Moore et Fabio Piparo *Artificial Killing Machine* permet d'appréhender les questions que pose une telle mise en récit : comment recueil et filtrage des données participent de la mise en récit, l'inclusion du spectateur dans la narration, l'agencement des faits et de la fiction et les effets de l'utilisation du temps réel dans le récit.

Mots-clés : narration, art numérique, data art, données, fiction, temps réel.

Introduction

Le *Data Art* est une tendance émergente de l'art numérique qui consiste pour les artistes à utiliser des données comme matériau dans leurs créations. Il s'agit, en dépassant la simple statistique ou la visualisation esthétique, de rematérialiser les données numériques pour faire surgir ce qui a été perdu lors du passage par les chiffres et pour remettre l'humain au centre du propos (*Data Art : la donnée comme matériau d'origine,* 2017). Le terme anglais *data* est très en vogue dans les médias, souvent de manière floue, sans que ce qu'il recouvre soit très clair. Il renvoie dans notre imaginaire contemporain aussi bien aux *Big Data*, qu'à la problématique de la protection des données et de l'avènement d'une société de surveillance. Mais qu'entendons-nous lorsque nous parlons de « données » ?

Une donnée est une description élémentaire d'une réalité (Abiteboul, 2012). C'est par exemple une observation ou une mesure. Cette description vise à produire de l'information. Pour Luciano Floridi, une donnée est une saillance, c'est-à-dire « la description d'un fait supposé qui procède d'une différence ou d'un manque d'uniformité dans un contexte » (Leleu-Merviel, Useille, 2008 : 38). S'il y a uniformité, il n'est pas possible de relever des données. Dans le *Data Art*, les artistes se réapproprient des données qui sont disponibles en ligne pour produire une représentation. Celle-ci peut être de type narratif et, bien qu'elle s'appuie sur des données supposées factuelles, elle peut être fictionnelle, donnant lieu à un objet narratif hybride.

Nous analyserons l'œuvre de Jonathan Fletcher Moore et Fabio Piparo intitulé *Artificial Killing Machine* (2015) afin d'appréhender les questions que pose une telle mise en récit. Nous utiliserons notamment pour cela les outils de la narration post-classique.

Artificial Killing Machine est une installation qui s'appuie sur les données des attaques de drones de l'armée américaine au Pakistan, au Yémen et en Somalie. Quinze pistolets factices sont suspendus au plafond. Une chaise est placée dessous, sur laquelle le spectateur est invité à s'asseoir. Lorsqu'une attaque de drones de l'armée américaine est répertoriée, des coups de pistolets sont tirés, autant que de victimes, et l'imprimante ajoute les informations à son *listing*.

Figure 1 : L'installation Artificial Killing Machine

Les données factuelles produisent des récits épars qui sont enchâssés dans un récit allégorique englobant (l'administration américaine comme machine à tuer). Ce dispositif permet de faire ressentir au spectateur le caractère aveugle et déshumanisé des attaques en expérimentant ce que les auteurs nomment le « risque existentiel ». Cette œuvre questionne les rapports entre la technologie et la vie humaine. Une des particularités de cette installation est qu'elle utilise des données qu'on pourrait qualifier de troisième main. Une organisation anglaise non gouvernementale qui se consacre au journalisme d'investigation le « *Bureau of investigative journalism* » recueille dans un premier temps les données factuelles. L'artiste Josh Begley a sélectionné certaines de ces données pour réaliser une *Application Programming Interface* (*API*)[1] mise à disposition de la communauté. Enfin, Jonathan Fletcher Moore et Fabio Piparo ont utilisé cette interface de programmation pour créer et animer leur installation.

Nous montrerons que la façon dont les données sont recueillies puis filtrées par les différents protagonistes et enfin affichées par le

---

1 Interface de Programmation d'Application.

dispositif, participe pleinement de la mise en récit. Puis nous tenterons de comprendre comment faits et fiction s'agencent. Nous nous intéresserons au dispositif matériel et au récit allégorique qu'il déploie. Nous verrons comment cette fiction vise notamment à inclure le spectateur dans la narration, faisant de lui un personnage à part entière en tant que témoin et victime potentielle. Nous pourrons également nous demander si un nouveau régime de fiction, spécifique à l'utilisation des données, est à l'œuvre ici. Enfin nous questionnerons les effets de l'utilisation du temps réel dans le récit.

Données et mise en récit

Il est tout d'abord légitime de se demander si nous avons bien affaire ici à un récit. La définition ne faisant pas consensus, nous fonderons notre validation sur les 5 propriétés sémantiques du récit relevées par Françoise Revaz (2009) :

- une représentation d'actions. C'est le cas, l'action de tuer est représentée sous forme de texte sur le ticket et dans l'espace d'exposition par les coups de feu ;
- un déroulement chronologique. C'est le cas également, le dispositif étant animé en temps réel ;
- une transformation entre un état initial et un état final. Le rapport qui est imprimé rend compte de cette transformation.

Si nous prenons en compte la définition du dénouement donnée par Raphaël Baroni (2017), c'est-à-dire la résolution d'une tension induite par un nœud, nous pouvons considérer que chaque mise en action de la machine constitue un dénouement : un enchaînement causal, une attaque de drone provoque la mise en action de la machine et un développement inhabituel ou non prévisible de l'action.

L'action se développe de manière non prévisible dans le sens où il n'est pas possible de savoir combien de personnes seront tuées, où et à quel moment.

Les critères de Françoise Revaz nous semblent donc remplis. Étudions l'origine des données utilisées par cette œuvre. Le *Bureau of investigative journalism*, une organisation de journalistes indépendante basée à Londres, constitue la base de données source qui enregistre toutes les attaques de drones de l'armée américaine.

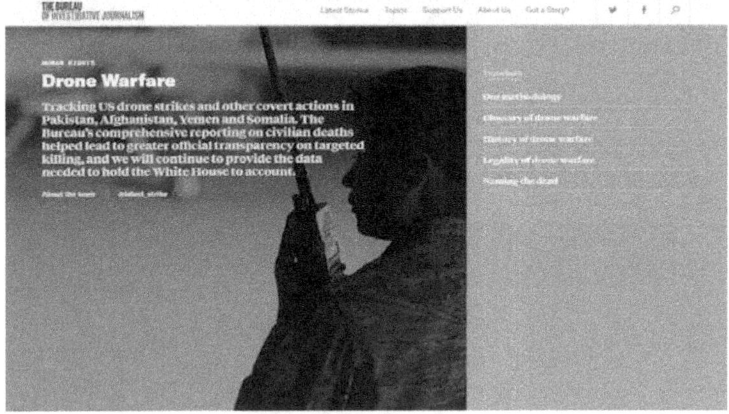

Figure 2 : Page de présentation du projet Drone Warfare. https://www.thebureauinvestigates.com/projects/drone-war

La finalité du recueil de données est de rétablir une transparence présentée comme inexistante :

> « *It soon became clear that in the absence of official transparency on where and when the drones were striking, and who they were killing, the Bureau was going to have to build its own data sets of strikes and casualties from scratch* »[2].

Les données quantitatives sont stockées dans une base de données tandis que les récits journalistiques sont présentés dans des « *timelines* » narratives par pays et par année sur le site du *Bureau of investigative journalism*. La base de données peut être interrogée via une interface de recherche. Les jeux de données sont également

[2] Notre traduction : « Il apparaît clairement qu'en l'absence d'une transparence officielle sur les lieux et les dates des attaques de drones et sur l'identité des personnes qu'ils ont tuées, le Bureau a été amené à construire à partir de zéro ses propres jeux de données concernant les attaques et les victimes ». https://www.thebureauinvestigates.com/about-the-drones-team.

disponibles en téléchargement. C'est le premier niveau des données. À un deuxième niveau, l'artiste Josh Begley a sélectionné certaines de ces données pour constituer une base mise à disposition de la communauté via une interface de programmation, l'API Drone Stream et via Twitter : un tweet est envoyé chaque fois qu'une attaque meurtrière de drone de l'armée américaine est répertoriée.

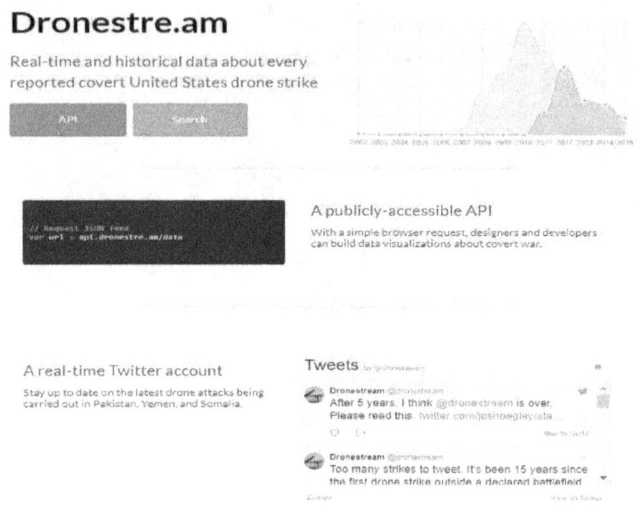

Figure 3 : Page de présentation de l'API et du compte Twitter dronestream https://dronestre.am/

Josh Begley conserve une partie seulement des données originelles, celles qui concernent les attaques meurtrières au Pakistan, Yémen et Somalie (pas en Afghanistan) et il en déduit de nouvelles à partir des récits. La finalité de son API est de servir la transparence prônée par le *Bureau of investigative journalism* en facilitant la réalisation de visualisations : « *With a simple browser request, designers and developers can build data visualizations about covert war*[3] ». Le travail de Josh Begley s'inscrit dans la continuité de celui de la *drones team* de Londres. Dans *Artificial Killing Machine*, les données retenues par Jonathan

[3] Notre traduction : « Par une simple requête dans un navigateur, les designers et les développeurs peuvent créer des visualisations de données au sujet de cette guerre qui ne veut pas dire son nom ». (http://dronestre.am/).

Fletcher Moore et Fabio Piparo sont au nombre de sept sur la vingtaine fournie par l'API de Josh Begley :

- la date a été conservée ;
- pour la localisation géographique, le pays, la ville et la région ont été conservés, les coordonnées GPS n'ont pas été retenues ;
- le récit des événements a été préféré au résumé ;
- en ce qui concerne les victimes, le nombre maximum et le nombre minimum de personnes tuées est imprimé ;
- le nombre de blessés, de civils, d'enfants, le nom de la cible et le nom des victimes n'apparaissent pas en tant que données ; ces informations sont cependant parfois présentes dans le récit ;
- on constate que ce qui fait récit a été privilégié (données de temps et de lieu notamment) mais pas seulement. Une focalisation a été opérée par les artistes sur le nombre de morts (qui reste imprécis).

	BIJ	API Drone Stream	AKM	
Identification	Strike ID Index	id number		
Localisation	Location Province	country location town lat lon	Country Location Town	LIEU
Temps	Date	date	Date	TEMPS
Conditions de l'attaque	Type of attack Confirmed/possible US attack? Air operation? Drone strike Minimum number of strikes Maximum number of strikes			
Victimes	Minimum people killed Maximum people killed Minimum civilians reported killed Maximum civilians reported killed Minimum children reported killed Maximum children reported killed Minimum people injured Maximum people injured	deaths_min deaths_max deaths civilians children injuries	Minimum deaths Maximum deaths	NB DE MORTS (imprécis)
Récit	Summary Narrative	bij_summary_short narrative target	Description	RÉCIT
Références	Strike link References	bij_link tweet_id		
	23	19	7	

Figure 4 : Filtrage progressif des données d'un dispositif à l'autre

Le récit se déroule dans deux espaces distincts : le lieu où se produit l'attaque, qui est décrit sur le ticket imprimé, et le lieu d'exposition dans lequel retentissent les coups de feu. La simultanéité supposée des deux événements met en relation ces espaces. Le ticket constitue la mémoire temporelle des actions qui se sont produites. Sa lecture permet au spectateur de comprendre l'articulation du cadre spatio-temporel et de rejoindre le récit en cours de route.

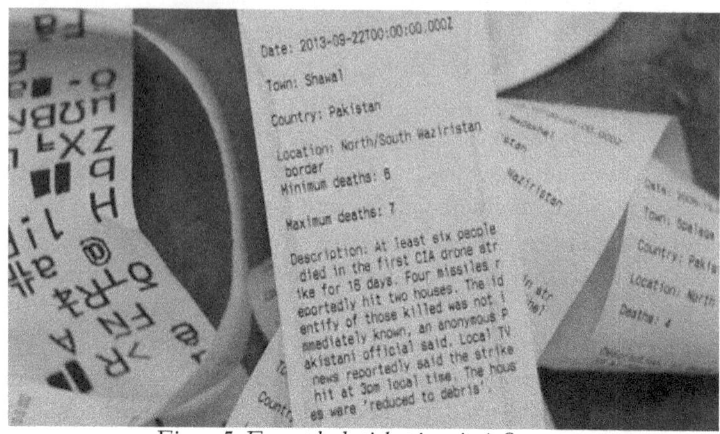

Figure 5: Exemple de ticket imprimé. Source : https://www.polygonfuture.com/artificial-killing-machine

Utilisons le schéma interactif élaboré par Bertrand Gervais (1990) pour vérifier si les éléments indispensables à la pré-compréhension de l'action sont bien présents.

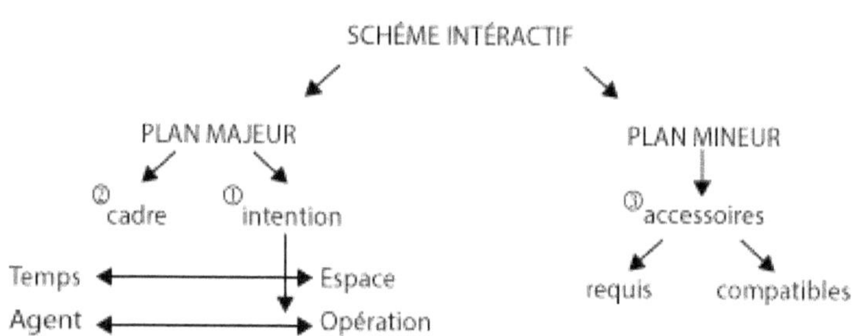

Figure 6: Schème intéractif. Source : Gervais, 1990 : 81

Le cadre temporel est établi : le récit fictif se déroule au présent, les événements réels passés étant consignés sur le ticket.

Le cadre spatial est posé. Nous avons deux espaces : le pays, la ville et la région de l'attaque mentionnés sur le ticket d'une part, l'espace d'exposition de l'œuvre, qui est une sorte de non-lieu, neutre et blanc d'autre part. L'agent de l'action, c'est l'*Artificial Killing Machine*, la machine qui trône au milieu de la pièce, une machine elle aussi blanche, aseptisée. L'opération est l'action de tuer des personnes indistinctes, ailleurs et ici. Tout ce qui relève de l'intention originelle a été volontairement gommé dans le choix des données : le nom de la cible n'a pas été retenu ni les caractéristiques de l'attaque. La machine est présentée comme aveugle : les victimes sont indifférenciées. Son intention se réduit à sa fonction : « tuer ». Les auteurs ont donc privilégié les données minimales qui permettaient la pré-compréhension de l'action par le spectateur, mais ce choix de transmettre une quantité faible d'informations soutient la mise en scène de type allégorique et renforce la puissance de l'expérience émotionnelle, en faisant apparaître le caractère inhumain et aveugle des attaques.

Faits et fiction

Voyons maintenant comment faits et fiction s'agencent dans cette œuvre. Nous avons affaire ici à un récit allégorique dans lequel l'inhumanité de l'administration américaine est représentée par une machine aveugle. Ce récit peut être qualifié d'interactif dans le sens où le spectateur peut y jouer un rôle : simple témoin ou pseudo-victime s'il choisit de s'asseoir sur la chaise. Il expérimentera alors de manière sensible la violence qui est dénoncée. Il incarnera la victime mais sera contraint à la passivité. La frontière entre la réalité et la fiction n'est pas gommée, elle est marquée par le cadre spatial : le fictif, c'est ce qui se passe dans l'espace d'exposition dans le cadre d'une feintise ludique partagée, tandis que le réel est ce qui survient en dehors et qui est imprimé sur le ticket.

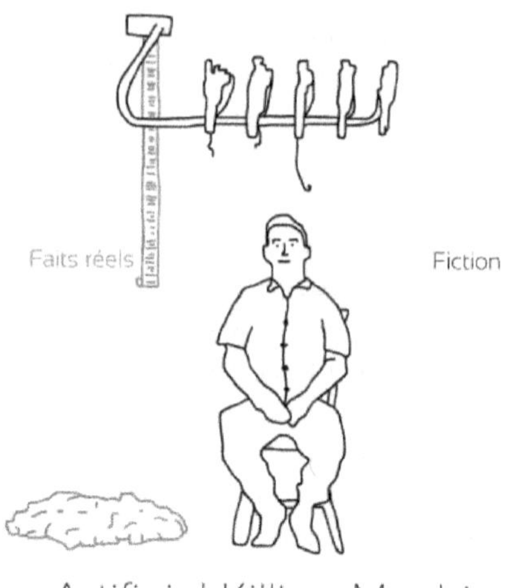

Figure 7: Agencement des faits réels et de la fiction dans l'installation. Source : Chambefort Françoise, 2020

Côté fiction, si nous reprenons la typologie des vecteurs et postures d'immersion de Jean-Marie Schaeffer (1999), il s'agit ici d'un dispositif qui simule des événements du monde réel. L'immersion passe par une substitution d'identité physique : en prenant place sur la chaise, le spectateur s'immerge dans l'identité d'une victime fictionnelle, et se substitue à elle. Mais la seule action qu'il peut exécuter alors est l'attente. Il y a donc un paradoxe entre un régime fictionnel tourné vers l'action et une situation narrative qui contraint le visiteur à l'inaction et à la passivité. Seule la machine peut ici prétendre à l'action. Le factuel quant à lui est représenté dans le rapport des événements figurant sur le ticket. Ce compte-rendu est froid, machinique, formaté selon un modèle de données immuable. Il est intégré dans le dispositif fictionnel mais il y occupe une place à part. Il n'y a à aucun moment confusion entre la réalité et la fiction. Les deux registres sont articulés au sein de l'installation sans qu'on puisse parler de métalepse narrative, c'est-à-dire de franchissement d'un niveau narratif (Lavocat, 2016). Après tout, la présence des informations réelles ne serait-elle pas simplement une façon pour la fiction de référer aux choses du monde ? En fait, la relation entre faits et fiction va bien au-delà : ils sont reliés physiquement dans le fonctionnement et la programmation de la machine, les données étant comparées à un carburant. Les faits réels mettent en action cette machine fictive dans une relation de type cause/conséquence qui se retrouve dans la programmation sous la forme de la condition « si… alors… » : si une information est publiée, alors sont tirés autant de coups de feu que de personnes tuées et les données s'impriment sur le ticket. Le paratexte qui accompagne l'œuvre met en valeur cette relation en décrivant l'action du programme : « *The application queries this Internet database every five minutes and when a entry been detected in the database, the motor control functions activate* [4] ». Il serait sans doute erroné de parler d'un nouveau régime de fiction, la nouveauté étant plutôt ici dans la façon dont faits et fiction sont articulés. Pour rendre compte de ce phénomène, nous avons développé la notion de *métaphore-switch* : comme un interrupteur qui passe de *on* à *off*, l'actualisation des données provoque des allers-retours permanents entre les deux objets qui sont mis en relation par la métaphore.

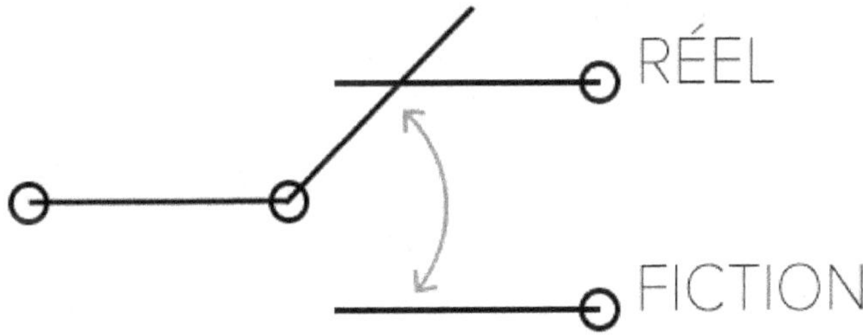

Figure 8 : La métaphore-switch. Source : Chambefort Françoise, 2020

Ici nous sommes en présence d'une métaphore de type allégorique, la machine à tuer étant une incarnation de l'administration américaine. L'attention du spectateur oscille entre l'espace de la fiction et la réalité avec laquelle il est relié. L'hypothèse que nous

[4] Notre traduction : « L'application interroge cette base de données toutes les cinq minutes et lorsqu'une entrée a été détectée, la fonction de contrôle du moteur s'active ».

soutenons est que ces « métaphores-*switch* », par leur caractère oscillant, génèrent chez le spectateur une forme d'attention particulière, qui concourt au renforcement du processus de création de sens. Cette oscillation est soutenue par la temporalité du dispositif : le temps réel. Sans cela, le lien entre faits et fiction n'aurait pas la même force.

Le temps réel

Lorsque nous avons abordé la partie factuelle, nous nous sommes contentés de dire qu'elle était représentée par les données imprimées sur le ticket. Mais l'aspect factuel le plus prégnant ici est la temporalité. Ce qu'il y a de plus réel dans ce dispositif, c'est le temps. Pourtant, contrairement à ce que pourrait laisser supposer l'expression « temps réel », il n'y a pas de continuité dans le flux de données. C'est un système foncièrement discontinu, discret : une requête est lancée vers la base de données selon un intervalle de temps défini (cinq minutes) et si des changements ont eu lieu (présence de nouveaux enregistrements) le programme traite ces nouvelles informations selon la logique causale programmée par l'artiste. Cette actualisation provoque le déclenchement d'un nouvel événement qui focalise l'attention du spectateur.

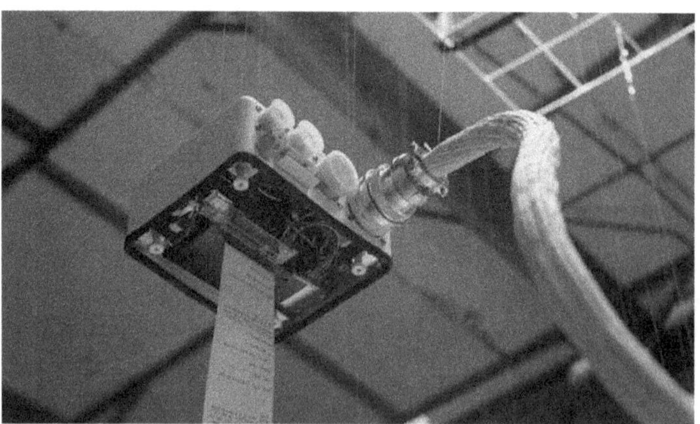

Figure 9 : Mécanisme d'impression du ticket.
https://www.polygonfuture.com/artificial-killing-machine

L'utilisation d'un flux de données en temps réel bouleverse la forme du récit. La conjonction entre le présent (et le futur proche) du temps raconté et le présent (et le futur proche) du temps vécu par le spectateur crée une forme particulière de « *mimèsis* » (Ricoeur, 1985), réel et fiction s'actualisant ensemble. L'acte de configuration temporelle du récit (qui correspond à la « *Mimèsis deux* » chez Ricoeur) est simultané de l'acte de la figuration de l'expérience temporelle par le spectateur (la *Mimèsis trois*). Le concept de *mimèsis synchrone* pourrait rendre compte de ce phénomène.

Raphaël Baroni distingue, en référence à Paul Ricoeur, les récits qu'il appelle *configurants* — c'est-à-dire ceux dont l'intentionnalité consiste à configurer un savoir — des récits *intrigants* — ceux dont la fonction première serait au contraire d'intriguer leurs destinataires, de produire une discordance provisoire ou définitive par le nouement d'une tension dans la représentation.

L'installation de Jonathan Fletcher Moore et Fabio Piparo articule ces deux types de récits : les données des attaques de drones présentent des récits *configurants*, tandis que l'action qui se joue dans l'espace d'exposition constitue un récit *intrigant*. L'objectif des premiers est d'informer, c'est-à-dire d'établir des faits et de transmettre un savoir, tandis que le second vise à provoquer une expérience esthétique dans laquelle l'immersion et les fonctions émotives sont essentielles. En effet, la mise en scène favorise la création d'une tension narrative de type *suspens* : le visiteur est amené à réaliser un pronostic (la machine va se déclencher et tirer) mais le moment où cette action va avoir lieu et le nombre de coups de feu reste incertain. L'attente de l'action réelle génère de ce fait un dilemme coupable chez le spectateur entre le souhait de voir le dispositif se mettre en mouvement et l'horreur de la réalité qui pourrait déclencher un tel événement. La représentation fictionnelle puise sa force dans sa capacité à faire ressentir physiquement au spectateur le risque de mort. Parce que cette représentation est liée à des faits réels dans une temporalité simultanée, un effet de sidération est recherché visant à modifier de façon durable le rapport aux faits.

Conclusion

Au terme de cette analyse, nous sommes à même de pointer les particularités narratives de ces objets médiatiques et technologiques qui utilisent les données comme moteur d'une mise en récit (et que dans notre travail de thèse nous avons qualifié de « moulins à données »). Nous avons vu que les données sont un matériau qui se prête particulièrement bien à la narration et qu'il n'est jamais neutre comme on pourrait le croire au premier abord. Le choix des données contribue pleinement à la mise en récit. Faits réels et fiction entretiennent un rapport fonctionnel qui amène le spectateur à placer son attention tantôt sur l'un, tantôt sur l'autre dans un mouvement qui renforce selon nous le sens de l'œuvre. Enfin la notion de temps réel provoque une fusion entre la mise en intrigue et sa réception. Grâce à cette temporalité particulière, le réel donne à la fiction la force de sa contingence tandis que la fiction apporte au réel sa puissance émotive. L'art du flux nous propose d'entrer et de sortir du réel, comme dans un moulin, dans un mouvement de va-et-vient qui favorise l'émergence du sens. C'est une façon pour les artistes de détourner le flux d'informations qui nous submerge et de nous rendre notre attention au monde et notre capacité d'agir.

Bibliographie

Abiteboul, S. (2012). *Sciences des données : de la logique du premier ordre à la Toile*. Paris : Collège de France, Fayard.

Baroni, R. (2016). Crier au storytelling ! Réflexions sur les usages instrumentaux des récits mimétiques. *Comparatismes en Sorbonne, 7*.

Baroni, R., Dufays, J-L. (2017). *Les rouages de l'intrigue : les outils de la narratologie postclassique pour l'analyse des textes littéraires*. Paris, Éd. Le Seuil.

Data Art : « la donnée comme matériau d'origine », *Usbek et Rica*. https://usbeketrica.com/article/data-art-la-donnee-comme-materiau-d-origine.

Gervais, B. (1990). *Récits et actions : pour une théorie de la lecture*. Longueuil, Québec, Le Préambule.

Lavocat, F. (2016). *Fait et fiction. Pour une frontière*. Paris : Éd. Le Seuil.

Leleu-Merviel, S., Useille, P. (2008). Quelques révisions du concept d'information. Dans Papy, F. (dir.). *Traité des sciences et techniques de l'information : Problématiques émergentes dans les sciences de l'information*. Hermès-Lavoisier, (25-56). https://hal.archives-ouvertes.fr/hal-00695777.

Revaz, F. (2009). *Introduction à la narratologie action et narration*. Bruxelles, Éd. De Boeck.

Ricœur P. (1985). *Temps et récit Tome* III [Le temps raconté]. Paris, Éd. Le Seuil. L'Ordre philosophique.

Schaeffer, J-M. (1999). *Pourquoi la fiction ?* Paris, Éd. Le Seuil.

La mise en récit des violences sexuelles et sexistes dans les témoignages du mouvement *Balance ton porc* sur Twitter

Mirta Desnica

Docteure en sciences du langage

Centre d'étude des discours, images, textes, écrits, communication (CEDITEC)

Université Paris-Est Créteil

Résumé : Cette contribution analyse les témoignages publiés sur le réseau socionumérique Twitter dans le cadre du mouvement *Balance ton porc* suite aux accusations publiques de harcèlement sexuel et d'agressions sexuelles contre le producteur hollywoodien Harvey Weinstein. En se situant dans une perspective sémio-discursive et en adoptant une approche textuelle du récit, l'étude porte sur la mise en discours et la mise en récit des violences rapportées par les femmes. L'auteure examine ainsi les formes que le témoignage prend en lien avec les possibilités et les contraintes du dispositif qui en détermine les conditions de production ainsi que les degrés de narrativisation, les thèmes, les personnages et les modèles narratifs récurrents dans ces témoignages.

Mots-clés : témoignage, Twitter, récit, hashtag, #MeToo, violences sexuelles, sexisme, féminisme.

Introduction

Dans le sillage de l'affaire Weinstein, déclenchée début octobre 2017 par les révélations du *New York Times* et *The New Yorker* et entraînant des témoignages de nombreuses actrices d'Hollywood accusant le producteur américain de harcèlement sexuel et d'agressions sexuelles, les femmes à travers le monde ont pris la parole sur les réseaux socionumériques pour témoigner des violences sexuelles dont elles ont été victimes, en utilisant des hashtags tels que #MyHarveyWeinstein, #MeToo et ses déclinaisons nationales.

En France, c'est notamment autour de la formulation « balance ton porc » que s'est organisée la production discursive sur ce sujet. Le 13 octobre, la journaliste Sandra Muller lance sur Twitter un appel à témoignages sur le harcèlement sexuel subi dans le cadre du travail, « en donnant le nom et les détails », et introduit le hashtag. Quelques heures plus tard, elle publie son témoignage et désigne nommément son harceleur (passage anonymisé dans la figure suivante).

Figure 1. Captures d'écran de l'appel à témoignages de Sandra Muller sur Twitter lançant le hashtag #balancetonporc (à gauche) et de son propre témoignage (à droite)

Dès le lendemain, #balancetonporc devient un *trending topic* (sujet tendance) en France. Le 15 octobre, il occupe la première place des hashtags les plus utilisés et restera parmi les 20 les plus populaires jusqu'au 18 octobre, selon Trendinalia France[1].

Née sur Twitter, la formule a connu une dissémination importante dans d'autres espaces discursifs. Selon un décompte de Visibrain, au 6 mars 2018, près de 845 000 messages avaient été postés sur différents réseaux socionumériques et 7 862 articles de presse en ligne avaient été publiés à ce sujet[2].

Cette vague de prises de parole, couramment décrite dans les médias comme une « libération de la parole des femmes », constitue un moment particulier dans l'histoire de la dénonciation des violences faites aux femmes, longue d'une cinquantaine d'années (Pavard, 2018). En effet, la question émerge au sein des mouvements féministes dans les années 1970 et c'est justement à partir de témoignages de femmes, recueillis dans les refuges pour femmes victimes de violences familiales et les centres communautaires fondés à cette époque-là, que le phénomène est analysé et conceptualisé comme un problème social (Parent, Coderre, 2004). Après s'être focalisées sur les violences faites aux conjointes (*Ibid.*), les chercheuses féministes conceptualisent les violences faites aux femmes comme un continuum sur lequel se placent la menace de violence, la violence contre les conjointes, le harcèlement sexuel, le viol, l'abus sexuel, l'inceste, l'exhibitionnisme, etc. (Kelly, 1988).

Si l'intérêt pour les témoignages, en tant que récits d'expériences individuelles à portée collective, symptomatiques de problèmes sociaux structurants (Cordonnier, 2015), est relativement ancien,

---

[1] Nous ne disposons pas du détail de la méthodologie à partir de laquelle Trendinalia établit ces statistiques.

[2] Verriez, L. Fournier, C. (journalistes). (23/01/2019). *Ce n'est pas une question d'ego" : comment la créatrice de #balancetonporc se bat pour conserver la marque.* France Info. https://www.francetvinfo.fr/culture/cinema/affaire-harvey-weinstein/on-a-depose-la-marque-comment-la-creatrice-de-balancetonporc-se-bat-pour-proteger-l-image-de-son-hashtag_2641988.html.

l'« ère du témoin » (Wieviorka, 1998) connaît un nouveau tournant avec l'avènement du Web participatif :

> « La parole des jeunes femmes dans l'espace public prend de nouvelles formes et est rendue visible sur une diversité de plateformes du Web 2.0 : blogs, Facebook, Twitter, Tumblr. Ces formes de prises de paroles sont transnationales autour de hashtags communs, de déclinaisons nationales d'associations transnationales de type Hollaback contre le harcèlement de rue, les plateformes de type Paye Ta Shnek ; elles sont virales et donnent voix aux anonymes. Il y a une très grande inventivité dans les formes mais le point commun est de vouloir cumuler un nombre important de témoignages » (Pavard, 2018).

Avant #balancetonporc et #MeToo, au cours des dernières années, la plateforme de microblogging Twitter a ainsi été le lieu de plusieurs « mouvements de témoignages » autour de hashtags tels que #Aufschrei (le cri), utilisé en Allemagne en 2013 pour dénoncer les violences sexuelles et le sexisme ordinaire (Luyssen, 2017) ou encore le hashtag #BeenRapedNeverReported (#AgressionNonDénoncée au Québec), lancé en 2014 au Canada afin de témoigner de viols sur lesquels la victime avait gardé le silence.

Le second mouvement a fait l'objet de plusieurs travaux universitaires. Dans une approche d'analyse de contenu, Christine Thoër (2015) a ainsi analysé les caractéristiques des femmes ayant témoigné, les caractéristiques des agressions rapportées et les « objectifs » des messages publiés, comme celui d'expliquer la non-dénonciation, de témoigner de l'expérience de l'agression, de témoigner des dénonciations réussies ou de raconter l'expérience de témoignage sur Twitter.

Mettant l'accent sur l'expérience du témoignage en ligne et mobilisant la méthode de l'entretien, d'autres études ont porté sur la signification que les femmes attribuent à cette démarche et les affects que celle-ci entraîne (Keller, Mandes, Ringrose, 2016 ;

Thoër, Arrousseau, 2017). Elles ont montré que témoigner des violences sexuelles à l'aide d'un hashtag est vécu comme une inscription dans un « collectif de survivantes » (Thoër, Arrousseau, 2017) créant des « solidarités affectives » entre les participant.e.s au hashtag et que cette expérience est susceptible de déclencher auprès de ces femmes une conscience féministe (Keller, Mandes, Ringrose, 2016).

En nous inscrivant dans une approche sémio-discursive et textuelle, nous analyserons la matérialité signifiante des témoignages publiés sur Twitter dans le cadre du mouvement *Balance ton porc* afin de décrire la mise en discours et la mise en récit des violences rapportées. Quelle forme le témoignage prend-il au sein de ce dispositif qui en détermine les conditions de production ? Autrement dit, comment les locutrices composent-elles avec les possibilités et les contraintes du format tweet – et notamment la contrainte de longueur – pour livrer leur témoignage ? D'autre part, dans quelle mesure peut-on qualifier ces formes courtes de récit, au sens de « discours intégrant une succession d'événements d'intérêt humain dans l'unité d'une même action » (Bremond, 1966 : 62) ? Quels sont les thèmes, les personnages et les modèles narratifs récurrents dans ces témoignages ?

L'objectif de cette recherche est ainsi double : contribuer à l'étude de la parole des femmes sur les violences qu'elles subissent, en décrivant les formes qu'elle a prise sur Twitter autour du hashtag #balancetonporc d'une part, et contribuer à l'étude de la mise en récit sur ce réseau socionumérique d'autre part. En effet, en France, les pratiques narratives sur Twitter ont été relativement peu étudiées et les travaux ont surtout porté sur les récits produits par des leaders politiques au fil des tweets au cours de périodes étendues (par exemple, au cours d'une campagne électorale) (Eyries, 2013 ; Dulaurans, 2017). Or les récits qui nous intéressent ici peuvent être considérés comme produits lors d'un même événement de parole, étant donné que l'intervalle de publication des différents tweets qui le composent est très court (de quelques secondes à quelques minutes).

L'étude s'appuiera sur un corpus de 160 témoignages publiés sur Twitter essentiellement entre le 15 et le 17 octobre 2017[3]. Confrontée à la profusion de la production discursive autour de cet hashtag et à la faible proportion de témoignages dans l'ensemble des tweets le mobilisant, nous avons choisi de recourir aux recueils de témoignages disponibles sur deux comptes ayant repris la formulation « balance ton porc » dans leur nom : Balancetonporc.com (@balancetonporc) et Balance ton porc ! (@balancetonporc1). Au moment de l'analyse, l'essentiel de l'activité de ces comptes a consisté à retweeter des témoignages publiés dans le cadre de ce mouvement de prise de parole. Leurs fils ont été épluchés entre le 7 et le 9 novembre 2017 et les témoignages recueillis aussi bien parmi les publications retweetées que parmi les commentaires à ces publications. Le corpus ainsi constitué n'est donc ni exhaustif ni représentatif de tous les témoignages publiés sur Twitter dans le cadre de ce mouvement, mais il permet néanmoins de donner des indications circonstanciées sur le phénomène étudié.

Le format tweet et la forme des témoignages

La composition du témoignage

Sur Twitter, on énonce essentiellement sous la forme de tweets, c'est-à-dire d'énoncés plurisémiotiques limités à 140 (actuellement à 280) signes[4]. Twitter permet de republier un tweet sur son fil d'actualité (retweet), de répondre à un tweet et d'indexer son tweet à l'aide d'un ou de plusieurs hashtags. Associant le langagier et le technologique, ce « tag cliquable » (Paveau, 2017 : 197) permet de créer un fil et d'accéder à l'ensemble des tweets l'ayant utilisé en cliquant sur le hashtag. Reprendre un hashtag c'est ainsi insérer matériellement son tweet dans un interdiscours. La présence de ce signe technolangagier augmente ainsi la visibilité et l'« investigabilité » (« *searchability* », Boyd, 2011) du message, c'est-à-

[3] Le témoignage le plus récent analysé date du 30 octobre 2017.

[4] La contrainte de longueur est progressivement passée de 140 signes à 280 signes à partir de septembre 2017. Même s'ils ont été publiés courant octobre, la plupart des tweets analysés étaient limités à 140 signes.

dire la probabilité que le tweet soit retrouvé, lu et retweeté. Il permet également une « affiliation diffuse » (« *ambient affiliation* ») des usagers autour de sujets d'intérêt et de valeurs (Zappavigna, 2011), ressentie et exprimée comme une sensation de communauté et de solidarité par les utilisatrices interrogées dans les études évoquées plus haut.

Comment s'agencent les témoignages produits dans ce dispositif ? Dans la grande majorité des cas, ils sont composés d'un ou de plusieurs tweets simples[5] (Fig. 1) c'est-à-dire ne comportant ni illustrations ni hyperliens (autre que le(s) hashtag). Le corps de ces tweets simples intègre parfois des émoticônes et des *emoji* utilisés généralement pour modaliser l'énoncé linguistique : ils expriment alors l'attitude affective de l'énonciateur à l'égard de son énoncé ou son attitude à l'égard du destinataire (expressions faciales signifiant l'émotion, cœurs, gestes des mains, etc.)[6]. Parmi les témoignages qui intègrent des photographies (captures d'écran comprises), celles-ci représentent typiquement un matériau linguistique : capture d'écran d'une conversation numérique – forme technolangagière de représentation d'un discours antérieur, qualifié de sexiste par l'apposition du hashtag #balancetonporc – ou un texte relativement long racontant une expérience de violence sexuelle et saisi à l'aide d'outils numériques. L'ajout de photographies « classiques » semble rare mais est toutefois attesté dans le corpus. C'est le cas d'une jeune femme qui a publié un *selfie* montrant les traces des coups qu'elle a reçus au visage et sur la poitrine, coups attribués, dans le texte du tweet, à un homme dont elle avait « refusé les avances ».

Si les possibilités de complexification sémiotique de l'énoncé offertes par Twitter (ajout d'*emoji*, de photographies, de vidéos, de gifs, partage de liens) semblent être modestement exploitées dans le cas de ces témoignages, livrés typiquement dans du texte « simple », l'ajout de photographies remplit essentiellement deux fonctions : documenter le comportement dénoncé, c'est-à-dire en proposer une représentation authentique et/ou en apporter une

---

[5] Pour la description de la composition du tweet simple, voir Paveau, 2017 : 340-341.

[6] Voir l'exemple (10).

preuve, et contourner la contrainte de longueur imposée par Twitter.

Quant à cette dernière, les témoignages analysés présentent des étendues très variées. Les témoignages consistant en un seul tweet sont majoritaires, mais un peu moins d'un tiers se déploient sur plusieurs tweets. Parmi ceux-ci, un peu plus de la moitié sont faits de deux ou trois tweets, un peu plus d'un quart se composent de quatre à neuf tweets et un petit cinquième comportent dix tweets ou plus, le plus long en comptant 27. L'incomplétude du témoignage en cours, livré au fur et à mesure de la publication des tweets, est alors parfois signalée par la numérotation (partielle) des tweets[7] ou, plus rarement, par un tiret placé à la fin du tweet et au début du tweet suivant[8].

Dans notre corpus, les tweets composant un même témoignage apparaissent généralement dans un même fil, c'est-à-dire utilisent la fonctionnalité de réponse de Twitter[9]. Chaque tweet « répond » alors typiquement au précédent, et l'ensemble du fil se déploie verticalement lorsqu'on clique sur le premier tweet du fil. La relation de « réponse » est représentée par le dispositif par une ligne reliant les photos de profil de l'abonné.e dans chacun des deux tweets. Plus rarement, tous les tweets répondent au premier et sont alors également visualisables dans le fil de celui-ci, représentés verticalement du plus ancien au plus récent sans que la photographie de profil de chaque tweet soit reliée à la précédente. Le témoignage se prête alors à une lecture linéaire : de gauche à droite et de haut en bas.

Mais les deux procédés sont parfois combinés au sein d'un même témoignage, compliquant la reconstruction du récit à la lecture. Dans l'exemple ci-dessous, le deuxième et le troisième tweet

---

[7] Voir (Fig. 2) et l'exemple (10).

[8] Voir l'exemple (11).

[9] S'agit-il d'une tendance générale ou d'un effet de corpus ? On peut en effet supposer que le fait d'avoir relié les fragments du récit dans un même fil, à l'aide de la fonction de réponse de Twitter, ait favorisé la lecture et le partage de ces témoignages. Un échantillon aléatoire serait nécessaire pour répondre à cette question.

répondent au premier et les suivants au troisième. En déroulant le fil du premier tweet (Fig. 2a), on peut ainsi croire que l'histoire s'arrête à « ils ont choppé le gars le lendemain au même endroit », mais en cliquant sur le troisième tweet, on découvre la suite du récit, tout en en perdant un fragment : le deuxième tweet (Fig. 2b[10]).

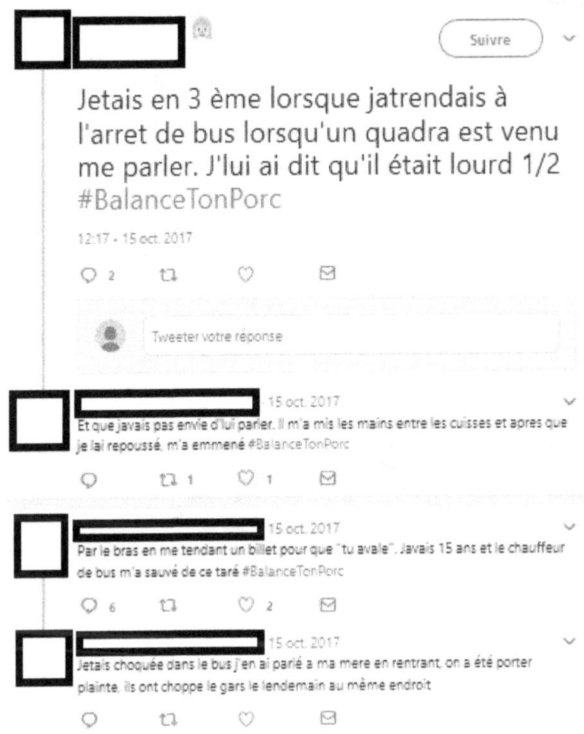

Figure 2a. Navigation dans les fils d'un témoignage composé de plusieurs tweets et déploiement du récit. Capture d'écran du fil du premier tweet[11].

[10] Nous ne reproduisons ici qu'une partie du fil. La suite du récit est donnée dans l'exemple (8).

[11] Le témoignage a été anonymisé.

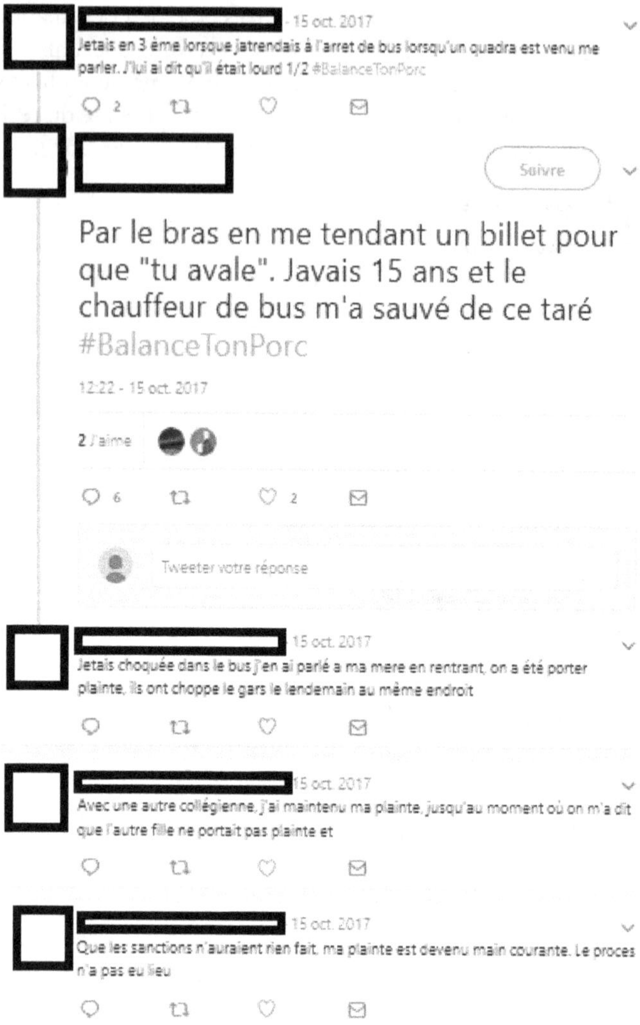

- 15 oct. 2017

Jetais en 3 ème lorsque jatrendais à l'arret de bus lorsqu'un quadra est venu me parler. J'lui ai dit qu'il était lourd 1/2 #BalanceTonPorc

2

Suivre

Par le bras en me tendant un billet pour que "tu avale". Javais 15 ans et le chauffeur de bus m'a sauvé de ce taré #BalanceTonPorc

12:22 - 15 oct. 2017

2 J'aime

6 2

Tweeter votre réponse

15 oct. 2017

Jetais choquée dans le bus j'en ai parlé a ma mere en rentrant, on a été porter plainte, ils ont choppe le gars le lendemain au même endroit

15 oct. 2017

Avec une autre collégienne, j'ai maintenu ma plainte, jusqu'au moment où on m'a dit que l'autre fille ne portait pas plainte et

15 oct. 2017

Que les sanctions n'auraient rien fait, ma plainte est devenu main courante. Le proces n'a pas eu lieu

Figure 2b. Navigation dans les fils d'un témoignage composé de plusieurs tweets et déploiement du récit. Capture d'écran du début du fil du troisième tweet.

Le tweet, une unité d'organisation du témoignage ?

Comme nous venons de le voir, les internautes livrent majoritairement leur témoignage en se pliant au cadre de la fenêtre du tweet, et adoptent alors parfois des stratégies de condensation pour tenir dans le cadre : abréviations, omission d'articles, omission de la ponctuation, etc. Cela peut être illustré par l'exemple suivant, dont nous ne reproduisons que la dimension linguistique :

1. #balancetonporc 5 ans sans payer #pensionsalimentaires il propose de régulariser si je le rejoins ds chambre d'hôtel. Frigo est resté vide . *(15 oct.)*

Dans d'autres cas, la parole déborde de ce cadre et on peut alors se demander si l'unité tweet joue un rôle dans l'organisation du texte. Dans l'exemple qui suit, le troisième tweet expose l'un des quatre cas de violence rapportés et constitue une séquence du témoignage. Mais la suite du témoignage (et plus précisément à partir du cinquième tweet) montre qu'on ne cherche pas alors à organiser sa parole autour de l'unité tweet. On a en effet l'impression d'une parole qui coule tant qu'elle n'a pas rempli la fenêtre, ce qui résulte en des coupures à l'intérieur de phrases, de propositions et même de syntagmes, que nous soulignons par le gras :

2.1. #balancetonporc le cousin de mon ex-beau-père qui devant tout le monde (ma mère absente) me malaxe les seins et me demande de manger plus *(15 oct., 07 :48)*[12]

2.2. pour qu'ils, je cite, "deviennent encore plus gros". j'avais même pas 12 ans. les gens autour ont ri. *(07 :52)*

2.3. #balancetonporc ce même ex-beau-père. je n'ai pas la foi de continuer. *(07 :54)*

2.4. #balancetonporc ce mec dans un train vide qui m'a agressée en m'attouchant au début de mon année de seconde. j'avais 15 ans à peine *(07 :55)*

[12] Dans le cas de la citation de témoignages composés de plusieurs tweets, l'heure de publication de chaque tweet est également indiquée.

2.5. #balancetonporc ce mec de plus de 60 ans qui a employé ma mère comme réceptionniste de son magasin pendant plusieurs mois, et **elle rentrait** *(07 :59)*

2.6. **tous les soirs écœurée** et tremblante parce qu'il lui disait devant les clients des choses comme "tu me fais bander" "je vais te coincer" *(08 :00)*

2.7. on avait tellement besoin d'argent qu'elle n'a pas arrêté de travailler. c'était un boulot "au noir" elle savait qu'elle ne pouvait pas **être** *(08 : 01)*

2.8. **défendue**. il a fini par arrêter de l'appeler quand il a enfin compris que non, elle n'allait vraiment pas céder à ses avances dégueues. *(08 :02)*

La stratégie dominante semble être celle de la recherche d'un équilibre entre l'optimisation de l'espace scriptural proposé par Twitter et une relative intégrité morphosyntaxique et sémantique du tweet, interdisant les coupures à l'intérieur du mot et en les plaçant de préférence entre les syntagmes qui composent la phrase, ainsi qu'entre les différents moments du récit : situation initiale, épisodes, commentaire évaluatif du narrateur, dénouement, morale, etc.[13] Dans l'exemple ci-dessous, on constate ainsi que le premier tweet s'arrête après le syntagme « en plein milieu de la nuit », même s'il y avait la place pour le déterminant du syntagme nominal qui suit, « le », et que le dernier tweet est consacré à l'exposé de la résolution de l'histoire :

3.1. #balancetonporc je suis allée à un festival et j'ai dormi dans la tente avec 3 potes (un mec et deux filles). En plein milieu de la nuit *(15 oct., 11 :49)*

3.2. le mec a essayé de me déshabiller il m'a touché les seins, essaye de me doigter et m'embrasser, je l'ai repoussé de toutes mes forces *(11 :49)*

3.3. au bout de 10 minutes il décide enfin de me lâcher et de dormir me laissant en pleur, coincée entre lui et mon autre pote :) *(11 :50)*

---

[13] Voir à ce sujet également l'exemple (10).

La mise en récit

Les degrés de narrativisation et le temps de l'histoire racontée

Pour étudier la mise en récit dans ces témoignages, nous mobiliserons essentiellement la conception textuelle du récit de Jean-Michel Adam (Adam, 1994, 2008 ; Adam, Revaz, 1996), appréhendant le récit comme l'exposé d'une succession de faits mis en intrigue, c'est-à-dire organisés autour d'un nouement et d'un dénouement, régis par un principe de causalité et caractérisés par la présence d'acteurs – personnages – « qui provoque[nt] ou tente[nt] d'empêcher un changement » (Adam, 2008 : 145). Un récit qui possède un haut degré de narrativisation se compose d'une situation initiale, d'un nœud (correspondant au début du procès modifiant la situation initiale), de ré-action(s) (le milieu du procès), d'un dénouement (la fin du procès) et d'une situation finale, mais il peut également être encadré par une « préface » ou résumé et une « morale » ou évaluation finale (*Ibid.* : 145-147).

Ayant étudié les récits des victimes de violences sexuelles, Ken Plummer (1995 : 108) a schématisé leur trame narrative de la manière suivante : une expérience sexuelle traumatisante cause souffrance, honte et plonge la victime dans le silence ; la personne prend ensuite conscience que ce n'est pas elle qui est fautive mais l'agresseur, le système patriarcal, et entame un travail de reconstruction aboutissant à un regard différent sur elle-même : de victime à survivante. Les témoignages publiés sur Twitter correspondent-ils à la définition du récit que nous venons de donner et suivent-ils la trame narrative décrite par Plummer ?

Si la réponse à la première question n'est pas toujours aisée, il y a des exemples que l'on peut facilement écarter, c'est-à-dire considérer que le témoignage ne procède pas à une mise en récit. C'est le cas des exemples ci-dessous où l'action est désignée, catégorisée, sans être représentée sous la forme d'une suite d'actes mis en intrigue. Même si ces noms dérivés de verbes d'action (« frottement », « viol », « agression », « remarque ») impliquent un agent – celui qui fait l'action désignée par le nom –, celui-ci ne prend pas ici la forme d'un personnage :

4. J'étais victime de frottement et d'exhibitionnisme 3 fois dans les transports en communs parisien c'est désespérant #balancestonporc *(17 oct.)*

5. #Balancetonporc J'ai 15 ans et j'ai déjà vécu un viol et plusieurs agressions sexuelles (ainsi que des dizaines de remarques déplacées) *(15 oct.)*

Pour les autres témoignages, d'importantes différences existent quant à l'actualisation des éléments de la structure du récit (situation initiale, nœud, etc.) et quant à la temporalité de l'histoire racontée. Le schéma de Plummer implique un temps relativement long, correspondant au processus de reconstruction de la victime après l'expérience de violence. Or on constate que la plupart des témoignages se concentrent sur le moment de la violence et constituent donc des récits d'un événement de violence physique et/ou verbale : agression sexuelle (viol, attouchement, exhibitionnisme), harcèlement sexuel, harcèlement de rue, remarque sexiste…

Le témoignage (3) cité plus haut offre un exemple de récit de ce type présentant un haut degré de narrativisation. Après l'exposé de l'équilibre initial dans le premier tweet, dont la perturbation est annoncée par l'organisateur temporel « en plein milieu de la nuit », le deuxième et le troisième exposent le procès (actions de l'agresseur, réactions de la victime, fin de l'agression) et la situation finale (pleurs de la femme, nuit passée collée à son agresseur).

Mais ces récits ne sont généralement pas aussi « complets » :

6. Le "collègue" de taf en déplacement qui profite que t'ais bu 1 verre en trop pour essayer de te forcer de coucher avec lui #balancetonporc *(15 oct.)*

7. après avoir hurlé stop "laisse toi faire c'est dans la tête la douleur, toutes les filles passent par là,j'ai bientôt fini" #balancetonporc *(16 oct.)*

Sans exposer tous les moments de l'aspect du procès de transformation (avant, début, milieu, fin et après le procès), ces textes mettent en scène des acteurs humains et un ensemble d'actions organisées temporellement et interprétables comme faisant partie d'une intrigue dont certains éléments sont implicites ou absents. Dans l'exemple (6), les termes « "collègue" de taf » et « déplacement » situent le cadre de l'événement : un déplacement professionnel, et déclenchent chez le récepteur le script[14] définissant les actions attendues dans cette situation. La tentative (« essayer ») d'avoir un rapport sexuel sans consentement (« forcer ») est l'action qui vient bouleverser la situation initiale reconstruite par le récepteur et le choix du verbe « essayer » indique, en même temps qu'il marque le nœud de l'histoire, le dénouement.

L'exemple (7) se focalise sur le milieu du procès, représenté seulement par un échange de paroles entre deux personnes, que l'on identifie comme étant la victime et l'agresseur. L'acte de violence n'est pas ici dénommé, mais l'utilisation du hashtag #balancetonporc et le sens des propos de l'agresseur, représenté dans le corps du tweet uniquement à travers sa parole au discours direct[15], permettent d'interpréter la situation comme celle d'un viol. Qu'est-ce qui a mené à cette situation ? Qu'est-ce qui a suivi ? Beaucoup est laissé à l'imagination du lecteur. Mais les conditions d'énonciation – la participation au mouvement de témoignages par l'usage du hashtag – permettent de passer outre les « lacunes » et comprendre les faits exposés comme un bouleversement de rapports interpersonnels considérés comme normaux et souhaitables, bouleversement moteur de l'intrigue.

Certains témoignages abordent également les suites de l'acte de violence. Les actions que l'on représente alors typiquement sont le fait d'en avoir parlé à son entourage ou d'avoir porté plainte. On pourrait parler alors de récit d'une (tentative de) « réparation » de la violence : extérioriser l'expérience de violence afin de se libérer de la souffrance, de se reconstruire et/ou d'obtenir que justice soit

---

[14] « Un script est une séquence d'actions présentant un caractère stéréotypé. » (Adam, Revaz, 1996 : 19)

[15] Le recours au discours direct pour représenter l'acte de violence et l'agresseur est fréquent dans le corpus. Cette manière de mettre en scène la parole blessante peut être rapprochée des publications au sein du Tumblr « Project Unbreakable » analysées par M.-A. Paveau (2014) et des pratiques de mise en discours des « témoignages de harcèlement sexiste dans l'espace public » qui ont cours dans le Tumblr « Paye ta Shnek ».

faite. Certains témoignages se concentrent d'ailleurs sur ce processus, en laissant implicite la violence subie.

Enfin, quelques témoignages couvrent une temporalité allant jusqu'à l'actualité de l'énonciation et parlent de la manière dont l'expérience a marqué la personne, jusqu'à l'affecter dans le présent[16]. Le processus de reconstruction est alors représenté comme plus ou moins abouti, réussi. Dans l'exemple suivant, qui est la suite et la fin du témoignage reproduit ci-dessus (Fig. 2), la femme raconte comment cette expérience a fait d'elle une femme « abîmée » (terme qu'elle n'utilise pas elle-même), ayant perdu confiance en les hommes :

8.1. […] J'en ai parlé à une amie, qui en a parlé à d'autres, qui m'a fait la réputation de salope, qui aguichait les mecs *(15 oct., 12 :26)*

8.2. Jai ensuite zappé cette période pensant que j'étais fautive et qu'au final je le meritais *(12 :26)*

8.3. Je n'ai plus jamais fait confiance en un homme. *(12 :27)*

Les exemples où la femme se représente comme reconstruite sont plus fréquents (même si, comme nous l'avons déjà souligné, les récits de ce type n'abondent pas). Les deux témoignages qui suivent l'illustrent en adoptant des stratégies de mise en discours du récit opposées : condensation extrême afin de tenir en 140 signes (9) et développement, déploiement des éléments du récit (10) :

9. #balancetonporc juillet 2016, un déplacement professionnel! Dévastée, plainte, attente, lutte, psy, en vie, insomnie, je suis Kintsugi[17] *(15 oct.)*

---

[16] La modification du comportement de la femme pour éviter d'autres violences est le seul thème de certains témoignages : « J'en suis à me promener systématiquement avec mes écouteurs.... surtout les jours où J'ai osé mettre une robe ou des talons !!! » *(28 oct.)*, « Quand tu hésites à mettre une robe, une jupe ou des talons parce qu'on va te regarder, te siffler dans les transports » *(15 oct.)*.

[17] Métaphore de résilience, le *kintsugi* est une méthode japonaise de réparation des porcelaines ou céramiques brisées qui, au lieu de rendre la réparation invisible, la met en avant et sublime les brisures par l'usage de la poudre d'or.

10.1. #BalanceTonPorc - Lorsque j'avais 18 ans pendant mon alternance en entreprise, j'ai subi une agression de la part de mon patron. 1/ *(15 oct., 12 :12)*

10.2. Dans la réserve il m'a bloquée dans un coin, une main sur la bouche, je me suis débattue autant que possible. 2/ *(12 :13)*

10.3. Au bout de longues minutes j'ai réussi à m'échapper. En pleure, les vêtements abîmés. J'ai mis plusieurs semaines à pouvoir en parler. 3/ *(12 :14)*

10.4. J'ai porté plainte. Le flic me dit « c'est un homme de 55 ans je ne crois rien de ce que vois dites ». J'ai demandé une femme flic. 4/ *(12 :15)*

10.5. Rien n'a été fait contre lui. J'ai perdu le contrat en alternance. L'éducation nationale/chambre de commerce s'en sont lavé les mains 5/ *(12 :17)*

10.6. Je me suis retrouvée sans rien à 18ans, avec la honte, le combat perdu d'avance. J'ai fait une tentative de suicide. J'ai dû voir une psy 6/ *(12 :18)*

10.7. Qui m'a aidée, beaucoup. Ma famille aussi. J'ai retrouvé du travail, sans diplôme. J'ai rencontré un homme qui m'a redonné confiance 7/ *(12 :19)*

10.8. Tout ça pour dire oui il y a des porcs ! Et heureusement il y a des hommes bien. Je me suis reconstruite même si j'y pense souvent. 8/ *(12 :20)*

10.9. En décembre cela fera 9 ans que ce porc s'en sort bien. Et j'ai toujours la vengeance dans la tête... mais j'ai ma vie ♥ 9/ *(12 :21)*

10.10. J'ai appris à me défendre mais ça ne suffit pas toujours. Faites attention aux femmes autour de vous🙏. Voilà je n'en dirais rien de plus. *(12 :22)*

La violence subie, représentée de manière plus ou moins explicite, n'est qu'une séquence de ces récits qui retracent les états et les situations traversés sur le chemin du retour à l'équilibre. Dans le second témoignage, après le choc et l'incapacité de parler de l'agression, la femme agit et porte plainte, ce qui l'entraîne dans de nouvelles épreuves : discréditée par la police, non soutenue par ses supérieurs, elle perd son emploi et fait une tentative de suicide. Grâce à la thérapie qu'elle entame ensuite, elle commence à « remonter la pente » : elle retrouve du travail, trouve l'amour et reprend confiance en la vie, sans s'être complètement libérée des émotions négatives à l'égard de son agresseur.

Cet exemple est intéressant aussi en ce qu'il comporte une « morale »[18], un enseignement à tirer du récit de son expérience personnelle, qui renseigne sur sa motivation à témoigner :

> « Tout ça pour dire oui il y a des porcs ! Et heureusement il y a des hommes bien », « J'ai appris à me défendre mais ça ne suffit pas toujours. Faites attention aux femmes autour de vous ».

Les personnages

Quels personnages sont typiquement mis en scène dans ces témoignages ? Sans surprise, le couple victime - agresseur est central dans ces récits. L'agresseur est généralement désigné simplement par un terme générique : « homme », « type », « mec », « gars », ou par un terme exprimant sa relation avec la victime : « un de mes ex », « mon responsable », « mon prof de sport », « mon psy », « le cousin de mon ex-beau-père », « le "collègue" de taf », « un ami », etc. L'usage d'un nom propre pour désigner l'auteur des violences est quasiment absent du corpus[19] et le fait de ne pas nommer l'agresseur est parfois présenté comme un choix délibéré : « Je vais pas donner de nom mais faites attention » ou « je ne vais pas citer le nom de mon porc, il se reconnaîtra ».

Si la relation entre ces deux figures varie selon la nature des faits rapportés, on peut dire que, globalement, les agresseurs mis en

---

[18] Ce témoignage actualise les sept éléments de la structure de récit présentés plus haut.

[19] Les deux seules exceptions sont un témoignage identifiant Tariq Ramadan et un autre citant le nom d'un homme qui n'est pas une personnalité publique, ce à quoi une internaute a réagi de la manière suivante : « Ne donnez pas de noms il y a des dizaines personnes qui portent le même et sont salis pour rien ! »

scène sont surtout des inconnus croisés dans un espace public (la rue, les transports en commun, la boîte de nuit), des hommes fréquentés dans le cadre du travail, de la formation (établissement scolaire, université, école), ainsi que des proches voire des intimes de la victime (conjoint, membre de famille, ami).

Notamment dans les récits centrés sur l'acte de violence, l'agresseur a une place centrale dans le témoignage tant par son rôle d'agent dont les actes déclenchent l'intrigue que par la place qu'il occupe dans le texte. En effet, comme l'illustrent les exemples (2) et (6), ces récits s'ouvrent souvent par un syntagme nominal désignant le ou les agresseurs et en exposent les actes à l'intérieur d'une proposition relative intégrée à ce syntagme : « ce mec un jour dans le métro qui… », « 3 gars qui… », etc. Par leur forme, ces témoignages se présentent ainsi comme une réponse à l'injonction formulée dans le hashtag : « [je balance] ce mec qui… »

Une autre figure récurrente est celle du ou des témoins. Les témoins sont généralement représentés comme des spectateurs passifs qui ne font rien pour aider la victime, voire qui aggravent la situation par leurs réactions et deviennent des bourreaux à leur tour (voir l'exemple 2.2). Dans d'autres cas, le témoin aide la victime et devient son sauveur ou son vengeur :

11.1. Paris, fête de la musique, je rentre seule. RER en retard. Je sors de la gare pour aller au toilette d'un bar. Quand j'en sors, un mec a essayé de me bloquer dedans avec lui. - #balanceTonPorc *(15 oct., 09 :37)*

11.2. j'arrive à sortir du bar en courant suivie par ce type. Je cours sur les quais, les gens regardent sans bouger. J'ai trouvé un de mes voisins, il m'a aidé . #balanceTonPorc *(09 :41)*

12.1. #balancetonporc 9 ans, escalators centre commercial devant 40 personnes, un mec de 60 ans me mets une main au fesses. Personne n'a rien dit *(15 oct., 07 :12)*

12.2. J'étais pétrifiée j'ai commencé à pleurer en silence sans oser parler et mon père qui a vu la scène a foutu une baffe au mec. *(07 :13)*

Ces récits mettent aussi souvent en scène les proches de la victime – famille, amis – à qui elle se confie et qui lui apportent du soutien et de l'aide, comme dans l'exemple (10), ou alors qui ne se montrent pas compréhensifs et amplifient le traumatisme, comme dans (8).

Enfin, la plainte de la victime étant un thème récurrent dans ces récits, la police y est également souvent mise en scène. Le personnage qui reçoit la plainte de la femme est parfois désigné par ce nom collectif indéterminé quant au sexe du référent : « la police », parfois représenté comme un homme : « le flic », mais il est presque toujours dépeint comme reproduisant les schémas sexistes : il minimise l'acte, ne prend pas la victime au sérieux (comme dans 10) ou la considère comme responsable de ce qui lui est arrivé du fait de son apparence physique ou de son comportement :

13. [...] La police m'a dit que je n'avais rien et une vie dissolue, en gros ma faute. [...] (*15 oct.*)
14. Le flic qui me répond: « C'est normal qu' il vous harcèle vous êtes jolie. » #balancetonporc (*15 oct.*)

Conclusion

Les témoignages publiés dans le cadre du mouvement *Balance ton porc* que nous avons analysés présentent une importante diversité de formes – texte simple ou texte et image, textes extrêmement courts ou, au contraire, très élaborés – et de degrés de mise en récit. Ils se focalisent généralement sur le moment de la violence et sur l'agresseur, désigné par des noms communs et non par des noms propres, c'est-à-dire par des termes dénotant une catégorie de personnes et non des individus. Chaque témoignage publié est une exemplification du présupposé de la formulation du hashtag utilisé, #balancetonporc, à savoir l'existence d'agresseurs sexuels et du sexisme.

Ces témoignages peuvent alors être compris comme une manière de dénoncer non pas des personnes mais des comportements et des attitudes portant atteinte à l'intégrité physique et psychique des femmes dans les différentes sphères de leur vie : intime (couple), privée (famille, amis) et publique (espaces publics, travail, formation, institutions publiques), afin de susciter une prise de conscience et faire évoluer les mentalités, comme l'explicitent certaines dans leur témoignage : « je doute de l'utilité de dire tout ça, mais si ça peut aider à la prise de conscience, alors ça vaut le coup de le faire », « les filles parlez et vous laissez pas faire, il faut que les mentalités changent » ou « il faut absolument que ça s'arrête ».

Au travers de ces voix individuelles racontant leurs expériences de violences plus ou moins « graves », plus au moins traumatisantes, c'est tout le continuum de violences sexuelles et sexistes qui est illustré, allant de la parole sexiste jusqu'au viol. Ce qui est ainsi dénoncé, individuellement et collectivement, c'est le sexisme en tant que système de représentations sous-tendant et excusant ces différentes formes de violence, comme on peut le lire dans la parole de cette femme :

15.1. Me suis fait agresser, G rejoint mes pote un m'a dit «en même temps t'as vu cmt t'es habillée». Je sais pas qui est le porc #balancestonporc *(17 oct., 05 :36)*

15.2. C'était y a plusieurs années, mais cette remarque m'a fait plus de mal que l'agression. Même si dans les faits elle était bien pire. *(05 :36)*

15.3. Et pour info j'avais une petite robe bustier noir. Et quand bien même j'aurais été à poil c'était pareil. Bref. *(05 :37)*

Bibliographie

Adam, J-M. (1985). *Le texte narratif.* Paris, Nathan.

Adam, J-M. (2005). *La linguistique textuelle. Introduction à l'analyse textuelle des discours.* Paris, A. Colin.

Adam, J-M., Revaz, F. (1996). *L'analyse des récits*, Paris, Éd. Le Seuil.

Boyd, D. (2011). Social Network Sites as Networked Publics. Dans Papacharissi Z. (éd.). *A Networked Self: Identity, Community, And Culture On Social Network Sites,* 39-58. New York, Routledge.

Bremond, C. (1966). La logique des possibles narratifs. *Communications*, 8, 60-76.

Cordonnier, S. (2015). *Trajectoire et témoignage : pour une réflexion pluridisciplinaire.* Paris, Éd. des Archives contemporaines.

Dulaurans, M. (2017). Donald Trump – Le storytelling des présidentielles en 140 caractères. *Revue française des sciences de l'information et de la communication, 11.* http://journals.openedition.org/rfsic/3068.

Eyries, A. (2013). Twitter et le microstorytelling : un nouveau lieu de légitimation pour les leaders politiques ?. Dans Pélissier, N., Gallezot, G. (dirs.). *Twitter : un monde en tout petit ?,* 195-208. Paris, L'Harmattan.

Keller, J., Mendes, K., Ringrose, J. (2016). Speaking "unspeakable things": documenting digital feminist responses to rape culture. *Journal of Gender Studies.* http://dx.doi.org/10.1080/09589236.2016.1211511.

Kelly, L. (1988). *Surviving Sexual Violence.* Minneapolis, University of Minnesota Press.

Luyssen, J. (2017). Violences sexuelles : en 2013, le hashtag de "cri" des femmes allemandes. *Libération*, publié le 16 octobre 2017. http://www.liberation.fr/planete/2017/10/16/violences-sexuelles-en-2013-le-hashtag-de-cri-des-femmes-allemandes_1603536. Consulté le 23/01/2019.

Parent, C., Coderre, C. (2004). Paradoxes des théories féministes sur la violence contre les conjointes, *La revue nouvelle*, *11*, 36-45.

Pavard, B. (2018). *Féminismes 1968-2018. 50 ans de luttes pour l'égalité entre les femmes et les hommes.* Conférence dans le cadre de la journée internationale de lutte pour les droits des femmes. Université de Strasbourg, Strasbourg, 6 mars.

Paveau, M-A. (2014). Quand les corps s'écrivent. Discours de femmes à l'ère du numérique. Dans Bidaud. (éd.). *Recherches de visages. Une approche psychanalytique.* Paris, Hermann.

Paveau, M-A. (2017). *L'analyse du discours numérique. Dictionnaire des formes et des pratiques.* Paris, Hermann Éditeurs.

Plummer, K. (1995). Telling Sexual Stories in a Late Modern World. *Studies in Symbolic Interaction*, *18*, 101-120.

Thoër, C. (2015). *Témoigner de son agression sexuelle sur les réseaux sociaux*, table ronde ComSanté, Université du Québec, Montréal, 28 janvier 2015. https://www.youtube.com/watch?v=fFWJWWmi7B4. Consulté le 23/01/2019.

Thoër, C., Arrousseau, C. (2017). *Témoigner de son agression sexuelle sur les réseaux sociaux. Quelle expérience pour les femmes ?*, séminaire ComSanté, UQAM, 30 mars 2017. https://www.youtube.com/watch?v=eKuqaVmGgks&feature=youtu.be. Consulté le 23/01/2019.

Wieviorka, A. (1998). *L'Ère du témoin.* Paris, Plon.

Zappavigna, M. (2011). Ambient Affiliation : A Linguistic Perspective on Twitter. *New Media & Society*, *13*(5), 788-806.

La mise en récit des troubles mentaux et neurodéveloppementaux sur les espaces numériques

Blandine Rousselin

Docteure en sciences de l'information et de la communication

Centre d'analyse et de recherche interdisciplinaires sur les médias (CARISM)

Université Paris 2 Panthéon-Assas

Résumé : L'objectif de cette communication est de montrer comment les personnes atteintes de troubles mentaux et neurodéveloppementaux – qui peuvent entraîner des difficultés sociales et de communication ainsi que de la stigmatisation – utilisent les outils offerts par le Web pour mettre en récit leur expérience via différents moyens de communication (blogs, réseaux sociaux, plateformes de partage de vidéos) et différents formats (textes, photographies, bandes-dessinées, vidéos en direct et en différé, etc.). Elle montrera aussi comment les spécificités de ces outils numériques vont avoir un impact sur le récit et la relation aux lecteurs.

Mots-clés : mise en récit, troubles mentaux et neurodéveloppementaux, autofiction, autobiographie, réseaux socionumériques, blogs.

Introduction

Arthur Frank écrit dans *The Wounded Storyteller* que « les personnes gravement malades sont blessées non seulement dans leur corps mais aussi dans leur voix. Elles ont besoin de devenir des “raconteurs” pour récupérer la voix que la maladie et son traitement emportent souvent » (Frank, 1995 : xii). De nombreuses personnes ayant des troubles mentaux et neurodéveloppementaux deviennent ainsi des « raconteurs » en prenant la parole sur le Web. Elles effectuent des mises en récit de leur expérience avec ces troubles qui peuvent engendrer des difficultés de communication, de sociabilité et de rapport au collectif ; des discriminations et des situations stigmatisantes (Anthony, 1993, Goffman, 1975, Link et *al.*, 1989).

Le Web offre des outils de communication multiples avec, entre autres, les réseaux socionumériques, les blogs, les plateformes de partage de vidéos ou les forums, qui permettent des mises en récit variées passant par l'écriture, les images ou l'oral. On peut donc s'interroger sur les différentes formes de cette prise de parole en ligne. L'objectif est donc de déterminer comment les outils numériques permettent une mise en récit originale sur les troubles mentaux et neurodéveloppementaux et quels sont les différents types de récits qui sont produits.

Pour répondre à ces questions, qui font partie d'une enquête pour une thèse de doctorat en Sciences de l'Information et de la Communication, une analyse de corpus réunissant 62 espaces numériques gérés par 20 personnes différentes a été effectuée.

Cela correspond à 13 blogs, huit chaînes YouTube, huit micros-blogs Tumblr, 12 comptes Twitter, 12 pages Facebook, un groupe Facebook et huit comptes Instagram. Au sein de ce corpus, 1 567 publications[1] et 2 718 commentaires ont été analysés en prenant en compte plusieurs critères : design, fonctionnalités utilisées, formats d'expression employés, fréquence de publication, années de

[1] Une publication peut correspondre à un article de blog ou microblogs une vidéo sur YouTube, une publication sur Facebook ou Instagram ou un tweet.

pratique, discours tenus, présentation de soi, interactions avec les lecteurs.

Pour compléter cette analyse, des entretiens semi-directifs ont été réalisés avec dix de ces créateurs. La grille d'entretien comporte cinq thématiques :

- les outils utilisés et la création des espaces en ligne ;
- les spécificités et enjeux de la pratique ;
- les relations avec les lecteurs ;
- l'exposition de soi et l'anonymat ;
- les potentiels limites et aspects « négatifs » de la pratique en ligne.

Les entretiens ont été retranscrits puis analysés (manuellement) en fonction de quatre thématiques principales répondant aux questions de recherche de la thèse :

- les dispositifs utilisés ;
- l'expérience et le rapport aux troubles mentaux et neurodéveloppementaux exprimés ;
- l'identité et le dévoilement de soi sur le Web ;
- les liens avec les lecteurs (Rousselin, 2019).

Les mises en récit prennent des formes variées et sont partagées via différents types de plateformes : des blogs classiques (Blogspot par exemple) et des micros-blogs (Tumblr), l'utilisation de réseaux socionumériques (Facebook, Instagram, Twitter) et de plateformes de partage de vidéos (Youtube*)*. Les personnes utilisent différentes techniques pour s'exprimer : texte, vidéo, dessin, bande-dessinée, création graphique, photographie, GIF. Pour illustrer les premiers résultats de mes recherches, trois exemples de mon corpus représentant des manières distinctes de faire du récit un mode de communication sur le trouble vont être utilisés : le blog de W. qui a un trouble bipolaire, le Tumblr de L. qui a un Trouble du Spectre de l'Autisme (TSA) et le groupe Facebook de A. qui est atteinte d'anorexie mentale.

Utiliser des formats fictionnels pour s'exprimer sur une expérience vécue

Un symptôme du trouble bipolaire raconté sous une forme sérielle

Sur son blog, W. emprunte une forme de récit fictionnel venant des séries télévisées pour réaliser sa mise en récit. Il a créé une catégorie qui s'appelle « Le récit de mes folies », dans laquelle il raconte ses crises de manie sous forme de saisons avec plusieurs épisodes. Chaque saison s'intitule « *Maniac Story* » avec le numéro de la saison et l'année : « *Maniac Story Season 1* 2008 » ; « *Maniac Story Season 2* 2009 » ; « *Maniac Story Season 3* 2010 » ou « *Maniac Story Season 6* 2015 ». Il raconte quatre crises dont trois consécutives (les saisons une, deux et trois) et une qui s'est déroulée après deux autres crises qui ne sont pas relatées sur le blog (la saison six). La mise en récit des crises est faite en décalé et pas au moment où elles se déroulent. Pour la saison une par exemple, les épisodes ont été publiés entre fin 2013 et début 2014 sur le blog alors que les événements racontés datent de 2008. Il y a donc dans ce cas environ cinq ans d'écart entre les événements et le partage du récit sur le blog. Chaque saison est divisée en épisodes avec par exemple dix épisodes pour la saison une. Chacun raconte un événement spécifique de la crise vécue, qui peut durer plusieurs semaines, menant jusqu'au dénouement de celle-ci. Chaque épisode a un titre avec par exemple pour la saison une : « Je t'aime à la folie », « L'exorciste » ou « Parano ».

Partager le récit sous forme d'épisodes amène du suspens, ce qui donne envie aux lecteurs de revenir lire la suite, comme dans un épisode de série. Par exemple, il termine le dernier épisode de la saison 1 en écrivant ceci : « C'était comme ci je lui avais transmis ma rage. C'est là dernière chose que je ressentis de cette situation. Enfin, non, la dernière chose que je vis est une grosse seringue. FIN »[2] (*Sic*). Il essaie de construire une tension et du suspens en racontant ses crises de cette façon et l'utilisation du mot « fin », comme dans les films ou les contes, rappelle encore un procédé de

[2] [Extrait d'un article de blog du 28.03.14] - Les extraits des articles et publications ont tous été repris exactement tels qu'ils ont été publiés par leurs auteurs des supports, sans corrections en cas de fautes.

la fiction. Cependant, W. ajoute sous une forme de postscriptum à la fin : « Cela pourrait ressembler à une fiction mais je n'ai rien inventé dans cette histoire. J'ai raconté ici mon interprétation des situations au moment même où je les ai vécu »[3] (*Sic*). Il ressent la nécessité de préciser aux lecteurs que les faits racontés se sont réellement déroulés et que ce n'est pas une histoire issue de son imagination, ce que le format et le contenu pourraient laisser penser à première vue.

Les spécificités de l'autofiction sur le Web

La mise en récit de W. et L. sur leurs expériences respectives des troubles mentaux et neurodéveloppementaux est une forme d'autofiction au premier sens de Lecarme, c'est-à-dire « un récit de faits strictement réels où la fiction porte, non pas sur le contenu des souvenirs évoqués, mais sur le processus d'énonciation et de mise en récit » (Laouyen, 1999). Ce processus a dans mon corpus la spécificité de se dérouler sur Internet avec des outils numériques et d'être accompli par des amateurs (Cardon, 2010), ce qui en fait une forme originale de mise en récit avec certaines spécificités.

Premièrement, les outils du Web permettent à des individus qui n'auraient pas pu s'exprimer autrement de le faire et de partager leurs récits avec des lecteurs. Dutoit et Deutsch soulignent que « la prise de parole par les usagers en santé mentale est une lutte [...] » (Deutsch, Dutoit, 2015 : 8). Les outils numériques leur donnent la possibilité d'avoir une voix alors que justement ils ne se sentent pas très entendus dans l'espace public et qu'ils n'auraient pas nécessairement eu cette opportunité sans Internet.

Deuxièmement, les auteurs peuvent grâce aux fonctionnalités sociales des supports qu'ils ont créés échanger avec ces lecteurs directement. W. par exemple utilise les commentaires de son blog ou des emails pour échanger avec eux. Ce qu'il m'a confirmé en entretien en me précisant qu'il « avait des correspondances avec des personnes un peu dans les quatre coins de la France qui sont devenues des ami(e)s »[4]. Il a donc transformé des échanges qui ont

---

3 [Extrait d'un article de blog du 28.03.14]

4 [Extrait d'entretien, 15.11.17]

commencé en ligne en des relations amicales ancrées dans le monde « réel ». Il fait régulièrement des adresses aux lecteurs dans ses articles en utilisant le tutoiement, ce qui montre cette envie d'interaction et de rapprochement avec eux, voire d'intimité. Par exemple, il écrit : « Et depuis le marécage douteux dans lequel je suis, je t'écris » ; « Ça fait longtemps que je t'ai pas donné mon mail si tu as envie de correspondre [avec l'adresse email précisée après] »[5].

Strasser explique que dans les récits autobiographiques l'utilisation du « Je appelle un Tu ou un Vous, qui à leur tour pourront aspirer à répondre à ce Je qui les a interpellés. Cette deuxième personne est présente à l'intérieur du texte [et] l'auteur peut ainsi s'adresser directement au lecteur » (Strasser, 2011 : 86). C'est ce que fait W. dans ses articles en partageant son récit via un blog qui offre des fonctions permettant les interactions via les commentaires où il peut échanger avec les lecteurs. Il a également créé une association avec laquelle il organise des rencontres pour échanger sur le trouble bipolaire et l'hypersensibilité grâce à son blog et à ces premiers échanges numériques. Son blog lui a permis de faire l'annonce de son projet et de recruter des membres : « Je propose donc ce projet d'association à qui est sensible à l'hypersensibilité pour construire cette association hypersensible entre HyperSensibles pour les hypersensibles! »[6]. Sa démarche commence en ligne avec des échanges dans les commentaires et un appel à participer à la création de l'association, pour se poursuivre dans le monde « réel ».

Comme W., L. m'a aussi confirmé en entretien qu'il reçoit parfois des messages, via son blog ou sa page Facebook, de personnes lui demandant des conseils. Mais, à l'inverse de W., il ne rencontre pas souvent ses lecteurs. Les positions choisies par L. et W. dans leur relation aux lecteurs sont donc différentes, le premier préférant maintenir les échanges en ligne en partageant son expérience en BD via un alter-ego « loup humanoïde », alors que le second va à leur rencontre en face-à-face et raconte son vécu à la première personne du singulier et en tutoyant ses lecteurs. De plus, il y a très peu de

[5] [Extraits d'articles de blog publiés les 04.04.17 et 15.11.16]

[6] [Extrait d'article de blog publié le 28.02.2016]

commentaires sur le Tumblr de L. à l'inverse des nombreux commentaires présents sur le blog de W., ce qui peut s'expliquer par le fait que ce n'est pas une fonctionnalité très utilisée sur cette plateforme. Les utilisateurs préfèrent se servir de la fonction qui permet de rebloguer un article sur leur propre Tumblr et d'y ajouter un commentaire sur leur fil plutôt que de laisser des commentaires sur le Tumblr de la personne à l'origine de la publication.

Interrogé sur pourquoi il a voulu partager son vécu, L. m'a dit que le principal objectif pour lui était d'aider les autres, par exemple en leur partageant des conseils sur le diagnostic de l'autisme avec un guide illustré, en expliquant ce qu'est l'autisme et en partageant des ressources fiables sur le sujet. Partager son récit en ligne lui permet donc d'aider les autres sans avoir l'obligation de les rencontrer en personne. A. veut elle aussi aider les lecteurs grâce à la communauté qu'elle a créée sur les troubles du comportement alimentaire sur Facebook mais, contrairement à L., elle a choisi de prolonger l'expérience dans le monde « réel », comme W., allant ainsi au-delà des frontières du Web.

Raconter les troubles du comportement alimentaire sur le Web pour en guérir

Une mise en récit sous différentes formes et temporalités

Afin de réaliser sa mise en récit, A. a choisi de lancer en janvier 2017 un groupe Facebook, initialement public mais devenu privé depuis octobre 2017. Elle a également créé pour l'accompagner un compte Instagram, un blog, un compte Twitter, une newsletter et une chaîne Youtube. A. raconte quotidiennement comment elle essaie de guérir de l'anorexie et partage son expérience sur ces différents dispositifs. Par exemple, elle a publié ce texte sur sa page Facebook personnelle et sur son compte Instagram accompagné de deux photos d'elle : « Les troubles du comportement alimentaire sont des maladies incompréhensibles, invisibles mais surtout involontaires. Non, je n'ai pas choisi d'être anorexique. Non, je n'ai pas voulu devenir maigre pour faire comme les mannequins dans les magazines »[7]. Avec ce texte, A. veut faire comprendre aux lecteurs ce que signifie vivre avec un trouble du comportement alimentaire. Elle montre en particulier qu'il ne s'agit pas d'un choix, contrairement aux clichés qui peuvent être véhiculés sur ce trouble, mais d'une maladie et qu'elle ne l'a pas voulue. Elle partage son ressenti vis-à-vis de celle-ci et son objectif est de sensibiliser les lecteurs sur ce sujet en réfutant les stéréotypes qui y sont associés.

Elle raconte également son quotidien. Par exemple, dans une autre publication, elle explique qu'elle a rencontré l'adjointe de la maire de Paris en charge de la santé mentale et la conseillère santé de l'Assistance Publique - Hôpitaux de Paris pour leur présenter l'association qu'elle a créée pour développer son projet et obtenir leur soutien. Elle accompagne le texte d'une photo de la mairie de Paris. Elle publie aussi des dessins qu'elle réalise elle-même ainsi que des vidéos, qui sont diffusées en direct (sur Facebook et Instagram avec les fonctionnalités offertes par ces réseaux) ou en différé (sur Facebook et sur sa chaîne Youtube).

A. effectue grâce aux outils du Web une démarche autobiographique en partageant sa vie quotidienne et ses ressentis. Strasser explique que dans le récit autobiographique, « la présence d'un Je, la possibilité pour le lecteur, par ce biais, d'épouser le point de vue de celui qui raconte et se raconte, l'accès à sa vie intérieure enclenchent la "sympathie" du lecteur, au sens fort du terme, soit la "participation compréhensive aux sentiments d'autrui" » (Strasser, 2011 : 85-86). Cela participe à la mise en visibilité des troubles mentaux et neurodéveloppementaux auprès d'autres internautes. La mise en récit les rend perceptibles au sens de Callon et Rabeharisoa qui expliquent que « la mise en discussion, la communication des émotions et des témoignages, supposent […] la construction d'un espace commun de perception qui permet à chaque locuteur de s'appuyer sur des sensations partagées » (Callon, Rabeharisoa, 1999 : 206) et, in fine, de rendre visibles et publics certains phénomènes.

Le récit autobiographique de A. prend plusieurs formes : textes, vidéos en direct et en différé, dessins et photographies qu'elle

[7] [Extrait d'une publication Facebook du 11.01.18]

partage sur différentes plateformes. Cela en fait un récit hétérogène en ce qui concerne les lieux et formats d'expression mais aussi la temporalité. En effet, avec certaines publications, notamment les vidéos diffusées en direct sur Instagram ou Facebook (fonctionnalités *live)*, elle se place dans une « narration simultanée » au sens de Genette, c'est à dire « un récit au présent contemporain de l'action » (Genette, 1972 : 229). Cependant, elle utilise également la temporalité de « narration ultérieure » de Genette, en racontant un récit du passé, notamment lorsqu'elle revient sur des expériences antérieures avec son trouble, par exemple ses hospitalisations. La combinaison de ces deux temporalités fait que A. raconte son récit dans la « temporalité de narration intercalée » de Genette, qui mêle à la fois des propos au temps présent, une réflexion sur ceux-ci et des propos au temps passé, lorsqu'elle s'exprime sur ses expériences précédentes (Genette, 1972). Genette explique qu'avec cette narration « le journal et la confidence épistolaire allient constamment ce que l'on appelle en langage radiophonique le direct et le différé, le quasi-monologue intérieur et le rapport après coup » (Genette, 1972 : 230). A. adopte cette position avec sa narration, sous une forme qui n'est ni vraiment un journal ni un échange de lettres mais un nouveau type de récit partagé via les outils du Web, qui lui permettent d'avoir des interactions avec ses lecteurs

Échanger avec les autres grâce aux fonctionnalités sociales du Web

Comme W. et L., A. a un rapport particulier aux lecteurs. Elle partage son récit avec une communauté de quelques milliers de personnes (plus de 1500 sur le groupe Facebook, près de 3000 sur la page Facebook et près de 6000 sur Instagram) qu'elle veut aider avec cette démarche, recherchant les interactions et les rencontres avec eux. Elle se place dans ce que Frank appelle « la narration de la quête » et qui consiste, grâce au récit, à utiliser sa « [...] souffrance pour faire avancer les autres avec [elle] » (Frank, 1995 : 121). Cela signifie qu'elle raconte son expérience avec l'anorexie pour elle-même se rétablir et déterminer comment cela a changé son identité mais aussi pour que ce qu'elle a vécu puisse aider d'autres personnes dans le même cas à s'en sortir (Frank, 1995).

Les fonctionnalités conversationnelles du Web lui permettent d'effectuer ces échanges et rendent la mise en récit interactive. Les publications effectuées par A. sont commentées par les lecteurs, sur Instagram et sur Facebook. En janvier et février 2018, elle a effectué 32 publications sur Instagram pour lesquelles elle a reçu 1177 commentaires, soit 36 par publication en moyenne. Elle fait des adresses aux lecteurs dans ces contenus, comme W., en leur posant des questions au début ou à la fin ou en leur demandant des conseils. Dans une publication sur Instagram, elle raconte ce qu'elle a fait comme activités pendant sa journée puis pose la question : « Et vous ? Qu'avez-vous fait de votre samedi ? »[8]. Dans une autre publication, toujours sur Instagram, A. partage un texte où elle parle de son père qui est décédé quand elle était très jeune et des conséquences que cela a eu pour elle. Elle termine en posant cette question aux lecteurs : « En l'honneur de quelle âme qui n'est plus sur Terre pourriez-vous faire un petit pas supplémentaire sur le chemin de votre éclosion ? »[9]. Ces deux exemples illustrent le contenu des échanges qui peuvent porter sur des sujets plutôt anodins (question une) mais aussi sur des sujets plus intimes et personnels (question deux). Dans les deux cas, il y a des interactions qui vont dans les deux sens. Les lecteurs répondent à la question initiale de A. et elle répond ensuite à leurs commentaires. Une relation se développe entre l'auteur et les lecteurs grâce à ces publications. Strasser explique que dans les récits autobiographiques, il y a parfois des adresses faites aux lecteurs dans le texte qui montrent « combien le lecteur est à l'horizon de l'écriture autobiographique [et que] l'autobiographe écrit pour être lu et le lecteur, implicite d'abord, est inscrit dans son texte » (Strasser, 2011 : 87). A. se place dans cette position, comme W., lorsqu'elle partage son récit sur le Web. La différence étant que son récit est partagé au quotidien, à certaines occasions en simultané via les diffusions de vidéos en direct, alors que traditionnellement les autobiographies sont publiées en décalé sous forme de livres, parfois assez longtemps après l'écriture. Strasser explique également que lors de la publication d'autobiographies les auteurs

[8] [Extrait d'une publication Instagram du 10.02.18]

[9] [Extrait d'une publication Instagram du 06.02.18]

reçoivent des courriers de lecteurs qui partagent leurs ressentis après la lecture de l'ouvrage, pouvant être publiés par la suite par l'auteur dans une seconde édition par exemple. On peut faire ici le parallèle avec les commentaires et réactions laissés sur les publications faites par A. sur les réseaux sociaux.

Les personnes atteintes de troubles mentaux peuvent se sentir isolées, comme l'explique A. :

> « Les troubles mentaux sont des cancers de l'âme qui ont tendance à beaucoup isoler et justement à nous conforter dans l'idée que notre meilleure amie c'est notre maladie. Et ce projet ça a vraiment été l'occasion de me prouver à moi-même qu'en fait non, la solution ne se trouvait certainement pas en l'anorexie et en l'isolement dans ma maladie mais justement en l'ouverture à l'autre et en la rencontre et l'interaction avec autrui »[10].

A. insiste ici sur le fait que les troubles peuvent être à l'origine d'une isolation sociale qui va, en plus, jouer sur le rapport qu'à la personne avec les troubles puisque, selon elle, cela peut transformer le trouble en un « meilleur ami » sur lequel repose toute la vie de la personne concernée. Or, la mise en récit via les outils numériques permet une interaction avec les lecteurs juste après la publication du contenu, ce qui peut participer à renforcer les relations avec eux et permettre de développer des relations amicales, en ligne ou dans le monde « réel », comme l'ont fait L., W. et A. Cette dernière organise régulièrement des événements d'une durée d'une journée où elle propose des ateliers et activités à ses lecteurs avec l'objectif de leur redonner confiance en eux et de faire des rencontres. Les outils numériques sur lesquels ils partagent leurs récits peuvent donc leur permettre de développer leur cercle social, ce qui peut également aboutir, si l'on suit le raisonnement de A., à une forme de distanciation du trouble puisque l'isolation est moins importante et que le trouble se retrouve ainsi moins au centre des préoccupations de la personne.

10 [Extrait d'entretien, 10.08.17]

Conclusion

En prenant la parole sur le Web et en mettant en récit grâce à l'autofiction et à l'autobiographie, leurs expériences à la première personne, les individus atteints de troubles mentaux et neurodéveloppementaux peuvent générer de l'empathie et faire comprendre aux lecteurs ce que signifie vivre avec un trouble comme le leur. Ils mettent aussi en visibilité les problématiques liées à la santé mentale. Les fonctionnalités interactives offertes par les outils du Web permettent aux créateurs des espaces de développer des liens sociaux avec leurs lecteurs et de sortir de l'isolement qui peut exister à cause du trouble. Les échanges peuvent se faire uniquement sur le Web mais également se poursuivre en rencontres dans le monde « réel ». W. et A. ont tous les deux créé des associations grâce à leur présence en ligne et aux échanges qu'ils ont eus avec des lecteurs, qui leur ont donné l'idée de lancer ces projets en exprimant leur isolement ou leurs difficultés à vivre avec les problèmes liés aux troubles. Ces associations concrétisent dans le monde « réel » leur envie d'aider leurs lecteurs et de rencontrer d'autres personnes vivant des situations similaires.

Bibliographie

Anthony, W. (1993). Recovery from mental illness: the guiding vision of the mental health service system in the 1990s. *Psychosocial Rehabilitation Journal, 16*(4), 11-23.

Callon, M., Rabeharisoa, V. (1999). La leçon d'humanité de Gino. *Réseaux, 95*, 197-233.

Cardon, D. (2010). *La Démocratie Internet. Promesses et limites.* Paris, Éd. Le Seuil.

Deutsch, C., Dutoit, M. (2015). Prendre la parole. *Rhizome, 58*, 8-8.

Frank, A. W. (1995). *The Wounded Storyteller : Body, Illness and Ethics.* The University of Chicago Press.

Genette, G. (1972). *Figures III.* Paris, Éd. Le Seuil.

Goffman, E. (1975). *Stigmate. Les usages sociaux des handicaps.* Paris, Éd. de Minuit.

Laouyen, M. (1999). L'autofiction : une réception problématique. *Frontières de la fiction.* http://www.fabula.org/forum/colloque99/208.php

Link, B. G. *et al.* (1989). A Modified Labeling Theory Approach to Mental Disorders: An Empirical Assessment. *American Sociological Review, 54*(3), 400-423.

Rouquette, S. (2009). Les blogs BD, entre blog et bande dessinée. *Hermès, 54*, 119-124.

Rousselin, B. (2019). Se raconter sur le Web, une source d'empowerment pour les personnes atteintes de troubles mentaux. *Terminal, 125-126.* https://journals.openedition.org/terminal/5232

Strasser, A. (2011). De l'autobiographie à sa réception : quand les lecteurs prennent la plume. *Littérature, 162*, 83-99.

La mise en récit de parcours d'errance chez des patients souffrant de comorbidité psychiatrique et addictive

Arnaud Bubeck

Doctorant en sciences politiques

Laboratoire sociétés, acteurs, gouvernements en Europe (SAGE)

Université de Strasbourg

Résumé : Les personnes souffrant d'un trouble psychiatrique associé à une addiction vivent bien souvent dans des conditions de grande précarité et d'exclusion. Notre étude se base sur sept entretiens avec des patients ayant une comorbidité psychiatrique et addictive, et trente entretiens avec des professionnels des domaines médico-social et sanitaire qui les prennent en charge. L'étude du récit de ces patients est susceptible de nous en apprendre davantage sur leurs vies et leurs parcours. Néanmoins, cette étude suppose une écoute et un dialogue interpersonnel qui ne sont pas toujours possibles, car de nombreuses conditions doivent être réunies pour les assurer. Les difficultés que le chercheur rencontre pour entendre le récit des patients sont les mêmes que celles que d'autres professionnels peuvent rencontrer, et il est nécessaire de les analyser pour mieux saisir la complexité de la situation.

Mots clés : récit, patients, soignants, écoute, comorbidité, addiction, maladic psychiatrique.

Introduction

Les patients souffrant de comorbidité psychiatrique et addictive vivent bien souvent dans des conditions extrêmement difficiles et précaires. Alternant séjours dans la rue, en prison ou dans des centres de soins, leurs vies sont souvent jalonnées de difficultés et d'errances. L'Office des Nations Unies contre la Drogue et le Crime (ONUDC), définit une personne ayant ce type de comorbidité comme étant « une personne qui a été diagnostiquée comme présentant un abus d'alcool ou de drogue en plus d'un autre diagnostic, habituellement de nature psychiatrique, par exemple un trouble de l'humeur, une schizophrénie » (ONUDC, 2000). Il s'agit donc dans cette définition de l'existence des deux troubles au même moment. Ces patients élaborent des récits qui vont jouer un rôle déterminant dans leur appréhension du soin et des services qui les accompagnent. Ils se construisent à partir d'éléments biographiques, d'autres récits issus d'œuvres artistiques ou des rencontres avec des personnes vivant dans des situations similaires, mais aussi des échanges avec les professionnels qui les accompagnent.

L'étude du récit des patients apparaît importante pour plusieurs raisons ; elle permet de mieux se figurer des représentations qu'ils véhiculent, à la fois sur eux-mêmes, sur leurs situations sociales, sur leurs consommations et sur leurs maladies. Elle permet également de mieux comprendre le parcours de ces personnes, et de découvrir toute la singularité de leurs histoires de vie. Enfin, elle ouvre de nouvelles perspectives de réflexion sur le rôle de l'addiction elle-même. Nous baserons notre article sur une étude de sociologie réalisée entre le mois de septembre 2016 et mai 2017. Trente entretiens ont été réalisés avec des professionnels de santé sur la région Grand-Est en France, ainsi que sept entretiens avec des patients souffrant de comorbidité psychiatrique et addictive dans la ville de Strasbourg. L'enquête avait pour but de réaliser un diagnostic de la situation de ces patients sur la région Grand-Est, et de dégager des pistes de réflexion pour améliorer leur accompagnement. Nous développons l'idée que l'étude du récit des patients permet de mieux comprendre leurs trajectoires sociologiques et la singularité de chaque parcours. Néanmoins, pour assurer l'écoute de ces récits, plusieurs conditions doivent être réunies, ce qui est particulièrement difficile dans le cas des patients concernés par notre étude.

Le récit sur soi, un événement collectif

Nous avons choisi le format « récit de vie » (Bertaux, 2016) pour les sept entretiens que nous avons réalisés avec des patients souffrant de comorbidité psychiatrique et addictive. Ces entretiens nous ont permis de les interroger sur leurs parcours, sur les événements de vie qui ont été significatifs pour eux, et sur leurs expériences à l'égard des services qui les accompagnent, notamment ceux de psychiatrie et d'addictologie. Notre enquête concernait surtout les professionnels des domaines sanitaire et médico-social, mais nous voulions également entendre les patients afin de réaliser une recherche plus inclusive et qui prenne en compte leurs témoignages.

Le récit, bien qu'étant éminemment biographique, comporte également une dimension sociologique, en ce sens qu'il se construit collectivement à partir des expériences passées du sujet qui le porte. Toutes les références culturelles et les interactions sociales qui ont permis de le constituer sont des événements sociaux qu'il convient d'analyser. Ainsi, en retrouvant la trace de ces interactions et de ces références à l'intérieur du récit, nous pouvons retracer sinon tout, du moins une partie du parcours du sujet, celle qui fait sens pour lui. Comme l'a évoqué le philosophe Paul Ricœur (Ricoeur, 1983), la construction de l'identité narrative se réalise dans l'interaction à l'autre. Le dialogue entre soi et autrui, ou avec « soi-même comme un autre » (Ricoeur, 1990), permet d'illustrer les multiples facettes de l'identité du sujet. Comme l'a souligné la sociologue Roselyne Orofiamma, plusieurs figures du sujet apparaissent dans le récit de vie et sont à interroger : « le sujet défini dans une inscription sociale, familiale et généalogique, un sujet de contradictions et de conflits qui tente de s'en dégager, et enfin un narrateur pris entre réalité et fiction » (Orofiamma, 2008 : 73). Il ne s'agit pas de réduire le sujet à ses déterminants sociologiques, mais de comprendre la façon dont il s'est approprié son parcours, et a relié des événements entre eux pour devenir le sujet de sa propre histoire. L'enjeu de l'écoute consiste donc à saisir la façon dont le sujet s'est approprié son histoire, de quelle manière il y est parvenu et ce dont il lui reste à se saisir. En ce sens, les absences sont tout aussi importantes à analyser que les présences.

Pour Orofiamma (2008), l'approche du récit de vie permet d'accéder à un type de savoir sociologique différent de celui issu des méthodes quantitatives, où la singularité de chaque parcours apparaît pleinement. Le sens que les acteurs mettent sur les événements de vie se substitue aux données empiriques des méthodes positivistes, et le temps vécu remplace le temps chronologique. Cet espace symbolique des mots et de l'échange devient le matériau principal d'analyse, qui offre un regard nouveau sur la vie des patients. Cette construction se référant au passé devient un « agencement d'événements mis en intrigue par un sujet qui choisit d'ordonner la succession qu'il relate selon un ordre chronologique et un ordre subjectif » (Orofiamma, 2002 : 5).

Les effets du récit, déplacer le sujet et remettre du sens

Plusieurs éléments sont à analyser dans cette étude des récits des patients, à la fois dans les effets qu'ils peuvent produire, mais aussi dans la façon dont ils sont construits. En analysant le récit des « clochards », Patrick Declerck (2014) s'est intéressé à la façon dont les sujets parvenaient à se déresponsabiliser de leurs propres situations, en invoquant systématiquement des causes extérieures à eux-mêmes pour expliquer leurs conditions (un licenciement, une addiction ou une rupture amoureuse par exemple). Cette absence de responsabilité propre à l'intérieur du récit ne témoigne pas de l'insouciance de ces personnes, mais davantage de la difficulté d'assumer une situation extrêmement difficile à vivre. La place du sujet dans la narration sert ici une fonction bien précise, celle d'une forme de soulagement par rapport à sa propre responsabilité.

Les effets du récit sont donc à analyser dans ce jeu du même et de la différence, de soi et de l'autre, de présence et d'absence. Les éléments fictionnels apparaissent à l'intérieur de la trame narrative pour remplir le vide, pour donner ou pour remettre du sens, pour masquer ce qui n'a pu être assimilé, sans être nécessairement le signe de la folie ou de la déraison. Cette construction du récit n'est possible que dans l'échange avec l'autre, dans le miroir de ce qui est renvoyé par l'écoute, et dans la possibilité donnée par autrui de fournir des éléments qui vont venir l'alimenter. Ces éléments qui serviront à construire du sens peuvent être basés sur d'autres récits d'expérience, des connaissances plus ou moins bien fondées, ou des références culturelles issues de la littérature. Selon Olivier Taïeb (2011), les personnes souffrant d'addictions sont à la fois narratrices et personnages de leurs histoires de vie, mais aussi lectrices d'autres récits issus de la littérature dont ils ont besoin pour construire leur propre histoire. Les connaissances utilisées pour construire un récit peuvent être de différentes natures, à la fois issues de théories scientifiques et d'ouvrages de référence dans des domaines des sciences naturelles, humaines et sociales ; mais peuvent aussi provenir de croyances populaires ou de théories du complot qui circulent entre les acteurs, notamment entre les patients.

Au cours de notre enquête, nous avons ainsi été confrontés à plusieurs discours très critiques envers les médecins et les institutions médicales mélangeant divers éléments, à la fois fictionnels voire même de théories du complot, et d'autres issus de critiques ou d'interrogations légitimes. Les arguments questionnant l'influence de l'industrie pharmaceutique dans le domaine de la psychiatrie par exemple, ou le rôle de contrôle social que peut remplir l'institution médicale pour la société reposent sur une littérature importante et sont toujours débattus (Fassin, Memmi, 2004 ; Lascoumes, Le Galès, 2018). Mais ces arguments se mélangent à ceux défendant l'idée que les médecins nuisent volontairement au bien-être des patients, et à une conception d'un système corrompu qui cherche à nuire à ces patients. La souffrance vécue par l'expérience de la maladie et des drogues est ainsi souvent imputée à des personnes rencontrées au cours de l'errance thérapeutique, celles-là mêmes qui sont censées les soigner.

Les connaissances dont disposent les professionnels de l'action sociale peuvent également servir à soulager la responsabilité d'une personne par rapport à sa propre situation, en invoquant par exemple les déterminants sociaux qui peuvent influencer la consommation de substances hautement addictives, ou en présentant les addictions comme étant des maladies dont le sujet serait victime. L'expérience des patients et la violence symbolique qu'ils peuvent subir peuvent également être expliquées par des théories sociologiques sur les institutions et le pouvoir, notamment à travers l'œuvre de Michel Foucault ou d'Erving Goffman. Les ouvrages comme *Surveiller et punir* (Foucault, 1975) ou *Asiles* (Goffman, 1968) sont des références régulièrement citées dans les discours des professionnels du champ médico-social qui travaillent en addictologie.

Une patiente nous a ainsi raconté lors d'un entretien son expérience avec la psychiatrie, qui fut pour elle très éprouvante. En évoquant le rôle des psychiatres, elle a affirmé qu'ils voulaient souvent « trop vite médicaliser, et masquer les symptômes »[1]. En discutant avec le psychologue qui assurait le suivi de cette patiente, nous nous sommes rendu compte qu'il portait le même type de discours à l'égard de la psychiatrie. Le fait que les psychiatres chercheraient à « masquer les symptômes » est une critique récurrente de certains acteurs issus de la psychanalyse, particulièrement ceux ayant participé au mouvement de « l'antipsychiatrie » (Castel, 1981). Dans cette optique, le traitement pharmacologique inhiberait l'expression des symptômes, qui sont l'expression de l'inconscient. Nous voyons ici la possibilité qui a été donnée à cette patiente de construire son récit à partir d'éléments construits dans un cadre intellectuel, voire universitaire, et dont elle a su se saisir pour expliquer une situation douloureuse. Notre propos n'est pas ici de chercher à confirmer ou infirmer ce discours à l'égard de la psychiatrie, mais simplement de montrer l'appropriation d'un discours circulant entre des acteurs venant d'une sphère professionnelle particulière, et rendu accessible à un patient par l'échange avec un acteur proche de cette sphère.

Cette construction, qu'elle soit basée sur des éléments issus de connaissances validées et reconnues, ou venant de savoirs approximatifs comme des théories du complot, n'a pas nécessairement pour objet la recherche de la vérité, mais sert

[1] L'extrait d'un entretien réalisé le 24/04/17 avec une patiente âgée de 43 ans ayant une addiction au tabac et à l'alcool. Plusieurs psychiatres lui ont diagnostiqué différentes pathologies mentales sans qu'il n'y ait de consensus entre les professionnels.

d'autres desseins non moins importants. Elle peut servir à soulager le patient de sa part de responsabilité dans une situation, à maintenir son intégrité psychique, ou bien encore à soutenir une démarche de changement. Ainsi, en tant que chercheur qui s'intéresse au vécu de ces personnes, il est plus important de s'interroger sur la fonction du récit que sur sa véracité propre. En effet, comme l'affirme Paul Ricoeur, le récit assure une fonction face à l'absurdité de certaines situations, voire de la vie elle-même, en permettant d'imaginer une suite logique d'événements à l'intérieur d'une trame temporelle reconstruite, déconnectée du temps vécu.

Cette recherche de sens face à des événements tragiques ou absurdes a également une importance pour les soignants eux-mêmes. Christina Dumitru-Lahaye et Claudie Haxaire (2005) ont montré comment des médecins généralistes reconstruisent des récits à partir d'éléments identifiés dans leur pratique clinique. Cette mise en récit assure une fonction de compréhension des situations graves et difficiles, et permet également de mettre à distance les situations les plus délicates, comme les suicides par exemple, en modifiant la place que le sujet se donne à l'intérieur même de sa narration. Dans les histoires tragiques, les médecins ne donnaient que peu de place dans le déroulement des événements, tandis que dans celles qui se finissaient bien, ils avaient un rôle plus important. Le récit apparaît donc ici essentiel également pour le soignant et assure les mêmes fonctions que pour les patients : mettre du sens sur des situations perçues comme absurdes et dramatiques, et mettre à distance sa propre responsabilité face à des histoires tragiques.

L'espace précaire de l'interaction

Tout se joue ainsi dans l'espace de l'interaction entre des acteurs qui s'échangent leurs récits et se donnent des éléments pour les construire. Cette interaction présuppose un ensemble de conditions qui rendent possible l'échange et l'écoute entre les acteurs, que ce soit en termes de temps, de disponibilité pour entendre la parole de l'autre, ou de possibilité pour donner des éléments qui vont permettre d'alimenter le récit. Mais au cours de notre enquête, nous nous sommes rendu compte que l'écoute et l'échange avec les patients souffrant de comorbidité psychiatrique et addictive ne sont pas toujours possibles, et ce pour de multiples raisons. Tout d'abord, ces personnes sont bien souvent victimes de discriminations et se retrouvent parfois à être renvoyées d'un service à l'autre suivant le modèle de la « patate chaude » (Renon, 2013), et finissent généralement par ne pas être prises en charge. Le clivage institutionnel qui existe entre l'addictologie et la psychiatrie explique notamment ce phénomène, où les addictions sont rarement considérées par la psychiatrie, et les troubles psychiatriques rarement pris en compte par l'addictologie. Mais ce rejet s'explique également par les nombreuses représentations dont ces patients peuvent être victimes, en raison du cumul des difficultés et des risques dont ils font l'objet, notamment d'exclusion sociale et d'itinérance (Olfson, 1999), de risque par rapport aux maladies sexuellement transmissibles (Teplin, 2005), ou de diminution de la qualité et de l'espérance de vie (Thomas, 2016).

Du fait de ces difficultés, les récits des patients sont teintés d'éléments évoquant la mort, la souffrance, le deuil et l'exil. La demande du chercheur dans un cadre de recherche qui consiste à dire « racontez moi votre parcours » peut alors rapidement générer des comportements difficiles à appréhender, tels que des pleurs ou des paroles violentes et agressives. Un des entretiens avec les patients fut particulièrement éprouvant, où la personne interrogée parlait très difficilement et a évoqué un complot de l'armée pour prendre le pouvoir, du soleil qui était impossible à voir en face, et du créateur qui avait fait une erreur en nous mettant ici. Il fouillait énergiquement dans son sac, en me présentant une canette qu'il était possible de découper pour se faire un poignard, et un déodorant avec un briquet pour se faire un lance-flamme, témoignant ainsi de la brutalité d'une vie dans la rue et de la nécessité de se défendre face à tout type d'agressions. Les conditions dans lesquelles s'expriment les récits, et leurs contenus en eux-mêmes deviennent difficiles à entendre et à accepter, non seulement pour le chercheur s'il n'est pas habitué à entendre ce type de parole, mais également pour tout soignant ou administrateur des services publics qui y est soudain confronté. Du côté des patients, de nombreux troubles d'ordre cognitif ou psychiatrique peuvent également venir compliquer l'échange avec les professionnels. Des problèmes d'élocution, de mémoire ou de capacités de raisonnement entraînent des difficultés à se remémorer ou à exprimer des événements de vies qui permettraient de donner du sens sur leurs parcours et de les organiser à l'intérieur d'une trame narrative cohérente. Ces troubles entravent cette possibilité d'un échange entre individus et génèrent de l'incompréhension et des refus, pour faire enregistrer une demande ou faire valoir des droits.

D'une violence à l'autre

La violence qui surgit ainsi dans l'interaction est sans doute le reflet d'une autre violence subie, celle de la maladie et de la vie dans la rue. Y répond alors souvent une troisième violence, celle de l'exclusion, du refus de la prise en charge ou même de l'écoute. Cette difficulté de l'interaction est à replacer dans le cadre des échanges qui s'établissent entre des agents de l'administration, que ce soit les services sociaux ou de l'hôpital, et des bénéficiaires. Plusieurs études soulignent en effet l'importance d'adopter une posture normative telle qu'elle est attendue par les agents des services publics dans ce type d'interactions. L'anthropologue Mark Graham (2003) a par exemple étudié les interactions entre l'administration et les demandeurs d'asile en Suède. Selon cet auteur, les réfugiés doivent faire la démonstration de leurs souffrances, et doivent exprimer leur reconnaissance envers les agents qui traitent leurs demandes, sous peine de ne pas correspondre à l'idéal du réfugié tel que le conçoivent ces agents et de voir leurs chances d'obtenir ce statut diminuer. D'autres études confirment cette attente d'une mise en scène de sa vie, à travers la reproduction de discours et d'actes attendus, pour tester par exemple la « bonne volonté » des étrangers dans l'administration française (Spire, 2009). Comme l'a souligné Vincent Dubois (2008), les institutions étatiques entretiennent avec leurs administrés à la fois un rapport de normalisation et d'intégration. Il est attendu des bénéficiaires des services publics de correspondre à une certaine image, dans le but de recevoir un bénéfice matériel et symbolique.

Les nombreuses difficultés qui se présentent pour correspondre à cette image normative d'un patient qui parvient à exprimer sa demande de façon proportionnée entraîne toute une série de problématiques. Outre la problématique des violences verbales ou physiques, le fonctionnement du système de soin peut également constituer un frein à la possibilité d'une rencontre intersubjective entre ces patients et les soignants qui les accompagnent. Certains services, notamment les urgences, sont régulièrement saturés par l'afflux de personnes venant pour des problématiques très diverses, et par des conditions de travail souvent difficiles, avec des budgets en baisse régulière et des mécanismes institutionnels de plus en plus normalisés (Belorgey, 2011). Les patients qui souffrent de comorbidité psychiatrique et addictive apparaissent alors bien souvent comme des éléments venant rajouter une difficulté supplémentaire face à une situation déjà complexe à gérer, et ne rentrant pas dans la norme prévue.

Malgré toutes ces difficultés, certains professionnels parviennent à entendre le récit de ces patients souffrant de comorbidité psychiatrique et addictive. Cette capacité d'écoute va jouer un rôle primordial dans la possibilité que ces patients adhèrent véritablement à un parcours de soins ou de réduction des risques. Certains éléments dans la trajectoire des professionnels permettent d'expliquer leur capacité à écouter ces récits, malgré toutes les barrières institutionnelles ou langagières qui peuvent exister. Les professionnels qui travaillent en psychiatrie, mais qui ont effectué un passage en addictologie au cours de leur parcours, par un stage ou une expérience de travail, seront davantage sensibilisés aux problématiques spécifiques des patients souffrant de comorbidité psychiatrique et addictive. Cela est également valable pour les acteurs de l'addictologie qui ont eu une expérience avec la psychiatrie. De plus, les professionnels qui ont participé à des maraudes ou qui ont effectué un passage dans une institution pénitentiaire au cours de leur carrière ont nécessairement rencontré ces patients, et sont bien souvent mieux à même de comprendre la singularité de ces parcours et de ces récits. Ils deviennent ainsi plus à l'écoute des paroles qui peuvent paraître à d'autres lugubres, étranges ou inappropriées, et plus tolérants à l'égard des conduites qui s'écartent des normes. Ils comprennent également que la violence qui se manifeste aussi bien verbalement que physiquement est souvent le reflet d'une violence subie, que ce soit dans l'enfance, dans le rapport aux objets de l'addiction, ou dans leurs vies dans la rue ou en prison.

Conclusion

Le récit occupe une place fondamentale dans la vie des patients souffrant de comorbidité psychiatrique et addictive. Ce monde dans lequel vivent ces personnes est celui où différents types de violences se répondent, s'engendrent et s'aggravent, que ce soit celles de la maladie, de la vie dans la rue, ou celles générées par un système administratif dans lequel les agents eux-mêmes sont parfois en souffrance. L'enjeu est de pouvoir se réapproprier des événements de vie parfois tragiques, et de remettre du sens là où il faisait défaut. L'espace de l'interaction avec le soignant permet l'écoute et l'échange, dans une construction mutuelle des récits de chacun. Cette quête de sens va bien au-delà de la question de la véracité des propos tenus, ou de savoir si les normes posées au départ ont été respectées. La possibilité pour les professionnels de s'extraire des normes attendues leur permet d'être pleinement à l'écoute des singularités et des trajectoires tellement atypiques de ces patients. L'écoute de ces récits se réalise pourtant dans des conditions de plus en plus précaires, en raison des pressions qui s'accentuent dans les mondes de la santé et du social. Mais lorsque l'interaction est rendue possible par les conditions extérieures ou par l'implication des professionnels, de nouvelles possibilités émergent, permettant de découvrir d'insoupçonnables ressources. Cette découverte peut alors devenir une source d'enrichissement, voire d'étonnement dans la capacité des patients à survivre malgré des parcours éminemment tragiques. L'addiction prend alors un autre sens, elle n'est plus seulement ce trouble qu'il convient d'éradiquer, cette maladie qui handicape et qui marginalise, cette faute sortant de la norme. Elle devient ce palliatif pour s'évader d'un quotidien harassant fait de violence et d'ennui, ce lien qui vient remplacer les liens abîmés ou détruits. Le récit des patients offre ainsi une perspective nouvelle et éclairante sur le rôle que vient jouer l'addiction, quelle qu'elle soit, et permet de véritablement comprendre qu'elle est bien souvent à la fois une aide et un handicap, un exil et un ancrage, ce qui sauve et ce qui tue.

Bibliographie

Belorgey, N. (2011). *L'hôpital sous pression.* Paris, Éd. La Découverte.

Bertaux, D. (2016). *Le récit de vie* (4e éd.). Paris, A. Colin.

Castel, R. (1981). *La Gestion des risques - de l'anti-psychiatrie à l'après-psychanalyse.* Les éditions de minuit, Paris.

Declerck, P. (2014). *Les naufragés, Avec les clochards de Paris.* Paris, Terre humaine

Dubois, V. (2008). *La vie au guichet. Relation administrative et traitement de la misère.* Paris, Economica.

Dumitru-Lahaye, C., Haxaire, C. (2005). Mise en récit de la souffrance de patients par des médecins généralistes. *Ethique & Santé, 2,* 88-95.

Fassin, D., Memmi, D. (2004). *Le gouvernement des corps.* Paris, Editions de l'EHESS.

Foucault, M. (1975). *Surveiller et punir.* Paris, Gallimard.

Goffman, E. (1968). *Asiles, Études sur la condition sociale des malades mentaux.* Paris, Éd. de Minuit.

Graham, M. (2003). Emotional bureaucracies: emotions, civil servants, and immigrants in the swedish welfare State. *Ethos 30*(3), 199-226.

Lascoumes, P. (2018). Le Galès, P. *Sociologie de l'action publique* 2e éd.). Paris, A. Colin.

Olfson, M. et al. (1999). Prediction of homelessness within three months of discharge among inpatients with schizophrenia. *Psychiatric services*, 667-673.

Orofiamma, R. (2002). Le travail de la narration dans le récit de vie. Dans Niewiadomski, C. (dir.), *Souci et soin de soi. Liens et frontières entre histoire de vie, psychothérapie et psychanalyse.* Paris, L'Harmattan.

Orofiamma, R. (2008). Les figures du sujet dans le récit de vie. En sociologie et en formation. *Informations sociales*, *145*, 68-81.

Renon E., Lebreton J. (2013). Quelle hospitalité pour la folie en addictologie ? Études et réflexions à partir de la pratique clinique au Centre médical Marmottan. *Psychotropes*, *19*, 81-102.

Ricoeur, P. (1990). *Soi-même comme un autre*. Paris, Éd. Le Seuil.

Ricoeur, P. (1983). *Temps et récit, L'intrigue et le récit historique*. Paris, Éd. Le Seuil.

Spire, A. (2009). *Accueillir ou reconduire, Enquête sur les guichets de l'immigration*. Paris, Raisons d'Agir.

Taïeb, O. (2011). *Les histoires des toxicomanes*. Paris, Presses Universitaires de France.

Teplin, L. Elkington, K. (2005). Major mental disorders, substance use disorders, comorbidity, and HIV-AIDS risk behaviors in juvenile detainees. *Psychiatric Services*, *56*, 823-828.

Thomas, P. Amad, A., Fovet, T. (2016). Schizophrénie et addictions : les liaisons dangereuses, *L'encéphale*, *42*, 3518-3522.

ONUDC. (2000). *Demand reduction : a glossary of terms*. Nations Unies, New York.

Le récit comme dispositif d'échanges : le cas des publications de fanfictions

Aurore Déramond

Doctorante en sociologie,

Laboratoire interdisciplinaire solidarités, sociétés, territoires (LISST)

Université de Toulouse Jean-Jaurès

Résumé : La pratique de la fanfiction semble avoir gagné l'intérêt des sciences humaines et sociales au cours des dernières décennies, notamment dans le domaine des *cultural* et des *fan studies*, ou encore en sciences de la communication et des médias. Mais au-delà de l'aspect très étudié de sa tendance à se réapproprier des contenus et à les diffuser à l'échelle de communautés plus ou moins étendues, cette pratique aujourd'hui très répandue met en action tout un jeu de relations interpersonnelles et complexes, de hiérarchies et de partages. C'est cet aspect, quelque peu moins étudié, qui est exploré dans cet article cherchant à remettre de l'ordre dans les dynamiques relationnelles qui mènent non seulement à la réappropriation, à l'extension et à l'échange de contenus, mais aussi à la production de ressources communautaires dont le partage peut se révéler inégalitaire.

Mots clés : fanfictions, relations, auteurs, Internet, appropriation, ressources.

> « En février 2007, mon gamin qui avait 2 ans et demi à l'époque regardait des dessins animés à la télé. Soudain, je vois un personnage qui m'interpelle : Saga en Surplis [...] et voilà comment je découvre que l'arc Hadès est enfin sur nos écrans[1]. Inutile de te dire que je suis scotchée ! Sitôt les deux épisodes finis, je vais sur mon pc et je fais des recherches. Et c'est là que je m'aperçois que les mangas et les animés sont devenus un phénomène énorme. [...] Je découvre donc les fanarts et les fanfictions. Et surtout *FanFiction.Net* [...] bien entendu mon imagination a été stimulée et j'ai sauté à pieds joints dans le *fandom*[2] pour écrire mes propres fictions » (R., « entretien avec l'auteur », via échanges d'emails, le 15/05/16).[3]

Cet extrait, issu d'un entretien avec R., 50 ans, employée de supermarché, révèle l'impulsion qui a fait d'elle une auteure de fanfiction, à l'instar de milliers d'autres personnes en France. Le terme « *fanfiction* », composé des mots anglais « *fan* » et « *fiction* », sert à caractériser des écrits portant sur des univers préexistants, réalisés par une personne qui n'est ni l'auteur, ni le détenteur des droits d'exploitation. Dans sa thèse consacrée à ce fait social, Sébastien François (2013) décrit les fanfictions comme des « créations dérivées », témoins de l'engagement des publics. Les travaux dans ce domaine, et le lien étroit qu'ils entretiennent avec ceux consacrés à la démocratisation du numérique[4], ne sont pas sans rappeler les travaux réalisés par Henry Jenkins sur les fans (Jenkins, 1992), la « narration transmédia » (Jenkins, 2003) ou encore la « culture de la

---

[1] En référence à *Saint Seiya*, connu en France sous le nom des *Chevaliers du Zodiaque*.

[2] Le terme « *fandom* » vient de l'anglais « *fan domain* » et désigne un ensemble de personnes réunies autour d'un même objet culturel. Je l'utiliserai pour désigner l'ensemble des acteurs qui se regroupent autour des fanfictions dérivées du même univers de référence, notamment en tant que catégorie conceptuelle.

[3] Afin de rester au plus proche des propos de mes enquêtés, je n'ai réalisé des modifications qu'au niveau des fautes d'orthographe.

[4] Les fanfictions existaient avant l'apparition du Web 2.0 mais se sont massivement répandues par son intermédiaire. Voir François (2009 :164) et Jenkins (1992 : 152-162).

convergence » (Jenkins, 2006). Les fanfictions ont déjà fait l'objet de nombreuses études, notamment aux États-Unis, et ont souvent été abordées sous l'angle des études linguistiques, dans le cadre des *cultural* ou des *fan studies*[5]. Dans la littérature scientifique francophone, elles ont entre autres été considérées au regard des pratiques ludiques et notamment comme moyen d'appropriation des contenus[6]. Je me suis alors demandé comment l'étude des fanfictions pouvait contribuer à la compréhension des enjeux des nouvelles formes de narration au-delà de ces approches. C'est dans cette idée que je vais tenter d'apporter un regard nouveau sur le phénomène de société qu'est la fanfiction.

Béatrice Milard (2013 : 20) propose de considérer les écrits scientifiques comme des dispositifs sociocognitifs qui révèlent « des dynamiques relationnelles » contribuant « à la constitution des savoirs et des collectifs qui les portent ». En m'appuyant sur ce modèle et en posant comme postulat que la publication de fanfictions n'est pas une activité isolée – c'est-à-dire qu'elle induit des échanges entre pairs – je propose une analyse des dynamiques relationnelles qui régissent les rapports entre les auteurs de fanfictions sur Internet. Mon objectif est de montrer que les récits et leurs contenus participent à la création de relations et que ces relations contribuent à leur tour à faire circuler des récits et des contenus spécifiques. Pour ce faire, le développement de cet article s'appuie sur un corpus composé de 71 entretiens semi-directifs, que j'ai réalisés dans le cadre de mon travail de thèse avec des auteurs de fanfictions francophones. En outre, afin d'expliciter au mieux ces dynamiques relationnelles, je me placerai dans une perspective d'analyse sociographique, restant ainsi au plus proche des propos que j'ai recueillis auprès de mes interlocuteurs. Dans un premier temps, j'aborderai la question des modalités de publication à travers plusieurs aspects, comme le point de vue des auteurs, les critères de publications et les règles collectives. Dans un second temps, je m'attarderai sur différentes formes d'interactions possibles lors du processus de publication, en partant de la réception des publics puis

---

[5] Voir Rebecca W. Black (2006) puis Kristina Busse et Karen Hellekson (2006).

[6] Je pense notamment à Cécile Cristofari (2010), Fanny Barnabé (2014), Karim Chibout et Martial Martin (2010).

en explicitant le rôle central que peut revêtir l'utilisation des commentaires. Pour terminer, je porterai une attention particulière aux dynamiques relationnelles en abordant la question de leur nature puis des différences que cela implique lors du processus de mise en récit.

Écrire et publier des fanfictions sur Internet

Le point de vue des auteurs de fanfictions

Tout au long de ces entretiens, j'ai pu me rendre compte que chaque auteur de fanfictions a sa propre méthode, son propre procédé d'écriture ainsi que sa propre vision de ce qu'est ou doit être une fanfiction pour lui convenir. Ces auteurs n'ont pas tous pleinement conscience de ce qu'ils font, ni de pourquoi ils le font de cette façon, mais cela n'empêche aucunement qu'il se dégage de leurs pratiques un certain nombre de points communs. En effet, lorsque je leur ai demandé de m'expliquer ce qu'est une fanfiction pour eux, la grande majorité des auteurs de mon panel se sont accordés sur deux points. Premièrement, les fanfictions sont des écrits qui se basent sur des éléments de récit issus d'univers préexistants connus, qu'ils se doivent de maîtriser un minimum et qu'ils s'efforcent de continuer à faire vivre. Deuxièmement, ce sont des récits qui leur permettent d'écrire ce qu'ils veulent, ou tout du moins qui leur permettent une certaine prise de liberté.

> « C'est le fait qu'en tant que lecteur ou que joueur, ou que spectateur d'un film ou je ne sais quoi, on s'attache aux personnages, on s'attache à un univers, et on s'y attache assez pour avoir envie de leur donner [...] une vie à part dans une autre histoire. Ou bien d'un même univers mais avec des fonctions différentes. On veut continuer à voir ses personnages vivre au-delà de leur univers de base » (S., 29 ans, développeur, le 12/12/16).

> « Une fanfiction pour moi c'est avant tout du plaisir, de la joie, et une bonne dose d'imagination. C'est une histoire qui peut reprendre des personnages plus ou

> moins connus et le fait de pouvoir en faire ce que l'on veut rend la fanfiction magique » (F., 17 ans, lycéenne, le 28/03/17).

Outre les dimensions juridique, éthique et affective qui renvoient à des questions tout aussi importantes que complexes, que je n'ai pas la place de développer ici mais qui feront l'objet d'autres articles, on retrouve deux principes liés à ces dimensions et qui se trouvent au cœur de la pratique : l'emprunt et la sensation de liberté. Ces principes semblent autant caractériser l'écriture de fanfictions que montrer, en creux, un certain affranchissement des contraintes portées par la littérature professionnelle dont les attentes sont spécifiques. C'est ce que m'ont notamment révélé des auteurs de fanfictions qui ont également publié des fictions originales basées sur leur propre univers[7], à la fois en autoédition et en maison d'édition :

> « La fanfic m'offre un espace de liberté que je n'ai pas dans l'édition. […] En fanfic, je peux tuer le héros, le faire baiser avec son frère si j'ai envie, rédiger une histoire en 10.000 mots, etc. Que ce soit sur le fond, la forme ou le format, la fanfic me permet d'écrire avec beaucoup moins de contraintes, et j'en ai souvent besoin au milieu d'un roman » (C., 30 ans, correctrice et écrivaine, le 18/05/17).

Cette tension entre la contrainte et la création d'un côté et la liberté et l'emprunt de l'autre peut être autant considérée comme la marque d'une opposition entre ces deux types de pratiques d'écriture, que celle d'une complémentarité révélant ainsi un lien fort entre les univers sur lesquels s'appuient les auteurs de fanfictions et les fanfictions qu'ils écrivent à leur sujet. Ainsi, bien que rattachable à

---

[7] Ici, je parle bien d'écrits qui ne sont pas des fanfictions. Par défaut, j'utiliserai le terme de « fanfiction » pour parler des créations dérivées dont il est ici question et « fiction originale » pour parler des écrits qui ne sont pas des fanfictions. Les termes « d'œuvre » et « d'univers de référence » seront également utilisés pour évoquer les écrits auxquels se rattachent les fanfictions produites.

d'autres types de pratiques[8], l'écriture de fanfictions n'en demeure pas moins identifiable, et ce jusque dans les formes que prennent les récits. Y., 24 ans, venant de signer un contrat chez un éditeur, parle de « tic de fanfictionneuse »[9]. Reconnaissable, partagée et bénéficiant d'espaces propres sur différents sites, forums et blogs sur Internet, l'écriture de fanfiction apparaît comme plus structurée et structurante qu'elle ne le paraît au premier abord. On peut se demander quel est l'impact de ces structures, qu'il convient d'identifier, sur la mise en récit.

Les critères de publication des fanfictions

Comme je l'ai précisé en introduction, les auteurs auxquels je me suis intéressée sont des auteurs qui publient leurs fanfictions en ligne, sur des sites ou des espaces qui sont dédiés à la publication de ce type de récits. Cependant, comme les auteurs de mon panel ont en commun de publier sur un même site, *FanFiction.Net* , même s'ils ne s'en tiennent pas forcément qu'à ce dernier, c'est celui sur lequel j'appuierai mes exemples. *FanFiction.Net* est un site d'archives dédié à la publication de fanfictions qui a été créé en 1998. Bien qu'il s'agisse d'un site nord-américain, il est à vocation internationale et regroupe des fanfictions dans 44 langues différentes, pour plus de deux millions d'utilisateurs, auteurs et lecteurs inscrits compris[10]. Malgré l'existence de nombreux concurrents, il reste l'un des sites dédiés à la fanfiction les plus connus et pérennes, notamment concernant les communautés anglophones, hispanophones et francophones. Il rassemble près de 20 années d'archives et permet aux utilisateurs une interaction à plusieurs niveaux, sur lesquels je reviendrai un peu plus loin.

Nous l'avons vu, les auteurs de fanfictions empruntent des éléments de récit à l'univers d'une œuvre connue afin d'y apporter une touche personnelle. Dans la plupart des cas, c'est une sensation

---

[8] Comme je l'ai évoqué, l'écriture professionnelle en fait partie mais ce n'est pas la seule activité comparable à l'écriture de fanfictions. Cristofari (2010) la compare par exemple à la pratique du jeu de rôle.

[9] Entretien du 12/08/17.

[10] https://networksocietymedia7.wordpress.com/2016/02/24/unleash-your-imagination-with-fanfiction-net/

de manque ressentie suite à l'arrêt temporaire ou définitif d'une œuvre[11] qui produit cette impulsion, ou encore l'impression que son potentiel n'est pas suffisamment exploité. Publier une fanfiction, c'est donc d'un côté contribuer à étendre un univers ou pourvoir à des manques scénaristiques ressentis, et de l'autre faire le choix de les rendre accessibles et donc confronter sa vision à celle de personnes se trouvant dans la même situation. En effet, publier ce type de récits, et à plus forte raison dans des espaces qui leurs sont dédiés, c'est s'adresser à un public existant, présent et en attente de nouveaux récits, mais dont les perspectives sont aussi diverses que variées. Ainsi, et pour y voir plus clair au milieu de cette profusion d'écrits[12], des règles de classement et de codification ont vu le jour au fur et à mesure du temps : en se développant cette pratique s'est organisée et cette organisation est visible à plusieurs échelles. Lorsque l'on commence à explorer le monde des fanfictions, on se rend rapidement compte que les histoires sont classées selon des critères spécifiques. Bien que chaque site possède son propre modèle de classement (filtres, tags, catégories, etc.), ils partagent les mêmes critères principaux qui agissent comme autant de témoins d'une certaine uniformisation de la pratique. Ces derniers concernent en général l'âge du public autorisé, le genre d'histoire développée, la langue, les personnages exploités et, bien entendu, l'univers auquel l'histoire se rattache.

Ainsi, si on se place du point de vue du lecteur, le site *FanFiction.Net* nous propose tout d'abord de choisir le format de l'œuvre qui nous intéresse (livres, séries télévisées, jeux, etc.), puis l'œuvre en elle-même. Il donne ensuite accès à la liste des dernières publications et offre la possibilité de faire une recherche filtrée. Les filtres sont au nombre de neuf[13], certains étant doublés pour affiner les résultats

---

[11] La fin d'une saga littéraire, le temps de latence entre deux saisons d'une série, etc.

[12] Si on prend l'univers de référence avec le plus de publications référencées dans chaque catégorie (« Anime/Manga », « Books », « Cartoons », « Comics », « Games », « Misc », « Movies », « Plays », « TV ») on totalise à la date du 25/04/2018 un peu plus de 1 626 500 histoires, toutes langues et sujets confondus pour ce seul site.

[13] Les filtres sont : un tri général (par date de publication, de mise à jour, nombre de commentaires ou encore d'abonnés), l'audience, l'intervalle de

ou en rejeter d'autres, avec la possibilité d'indiquer des associations/couples de personnages, selon le principe de recherche booléenne. L'ensemble de ces critères permet au lecteur de trouver, dans l'idéal, des histoires à la « carte » et implique pour l'auteur d'être capable de connaître ces critères puis de les appliquer afin de rendre son histoire accessible. C'est le même principe que pour la diffusion de travaux scientifiques sur les archives en ligne, comme HAL[14] par exemple. En effet, les histoires sont destinées à être déposées sur le site par les auteurs et il n'y a aucun contrôle des histoires, de la pertinence de leur classement ou encore de leur contenu par l'équipe du site[15]. Publier nécessite donc de la part des auteurs une certaine réflexivité sur leurs histoires ainsi qu'une adhésion tacite à un ensemble des règles collectives qui leur permettent de contribuer légitimement au contenu du site. Cependant, la publication de fanfictions nécessite également des connaissances plus subtiles.

Un langage commun

Les espaces Internet dédiés à la publication de fanfictions partagent ces critères de classement. Ils participent à dessiner les contours de la vision que les auteurs et les lecteurs ont de la fanfiction. Les critères sont d'ailleurs tellement intégrés par ces derniers, et significatifs de la pratique qu'il n'est pas rare que les auteurs les spécifient, que ce soit dans l'entête de leurs fanfictions ou dans leur résumé, lorsque les sites sur lesquels ils publient sont dépourvus d'outils de classement adaptés. Il existe aussi des caractéristiques précisées par les auteurs de fanfictions qui sont d'une autre nature et relèvent exclusivement de codes de communication partagés entre les différents acteurs du milieu. Ces derniers peuvent concerner autant le format des fanfictions, que des sous-genres de récits ou des termes dérivés de catégories éditoriales, notamment japonaises, marquant une fois de plus l'influence des cadres issus

---

temps/ancienneté, le genre de l'histoire, la langue, la longueur, le statut (achevé ou non), la temporalité du récit ou l'univers médiatique dont il est question, la longueur et les personnages sollicités.

[14] https://hal.archives-ouvertes.fr.

[15] Voir « *Rules & Guidelines* » accessibles depuis les comptes utilisateurs. https://www.fanfiction.net/login.php.

des métiers de l'édition et de la production desquels sont issues les œuvres traitées par les auteurs de fanfictions. Ces caractéristiques peuvent aussi apporter des précisions sur les personnages, les couples et leurs orientations sexuelles[16]. Il y a donc un ensemble de règles explicites ainsi que des codes sociaux qui régissent ces espaces où les auteurs de fanfictions publient et interagissent.

Cependant, il y a également des règles d'un autre genre que doivent respecter les auteurs de fanfictions, des règles qui sont propres à la raison même de l'existence de cette pratique et qui sont donc directement liées à la mise en récit, ce sont celles qui régissent les univers à propos desquels ils écrivent. En effet, écrire une fanfiction, c'est renvoyer à un univers connu et partagé, traversé par un réseau de sens et de représentations qui lui sont propres. Cela se rapproche donc, en quelque sorte, de l'utilisation d'un langage commun[17].

> « La plupart du temps, les lecteurs espèrent retrouver les lieux et personnages qu'ils ont aimés dans l'œuvre originelle, donc ils sont assez exigeants sur la fidélité des caractères (sauf bien sûr si la fic consiste à tout chambouler, comme les univers alternatifs ou le slash). Après, il y a des erreurs que certains jugeront impardonnables [...] [mais] ça reste assez libre, de ce que j'en sais ». (L., 32 ans, éducatrice spécialisée, le 24/07/17)

Comme l'illustre très bien cet extrait d'entretien, même si écrire une fanfiction revient à partager sa vision d'une œuvre, ce n'est pas écrire uniquement pour soi : il y a des attentes avec lesquelles les auteurs doivent composer. Cela ne veut pas dire pour autant qu'il

---

[16] Le lexique à disposition sur le site créé et entretenu par Alix, avec la participation d'autres auteurs de fanfictions, donne un aperçu du vocabulaire spécifique utilisé par les acteurs du milieu. http://etude.fanfiction.free.fr/lexique.php

[17] À titre d'exemple, on peut considérer que les acteurs qui gravitent autour des productions liées au manga et animé *One Piece* parlent le « *One Piece* », tout comme ceux de *Harry Potter* parlent le « *Harry Potter* » et ainsi de suite, avec toutes les subtilités et limites que cela implique, dont celles de l'imprégnation et de l'interprétation.

n'y a pas de place pour l'interprétation ou pour l'imagination. Au contraire, cela fait partie intégrante de la réception d'une œuvre et de l'appropriation qu'implique l'écriture de fanfictions. Cependant il doit tout de même y avoir des éléments basiques, un socle commun qui va permettre aux autres acteurs du milieu de juger la pertinence de ce qui est fait, et ce socle concerne autant l'univers même de l'œuvre que le traitement des personnages. En effet, comme le laissent transparaître les extraits d'entretiens utilisés jusqu'à présent, le traitement des personnages est suffisamment important en écriture de fanfictions pour que les récits soient essentiellement axés sur leur vécu, leurs ressentis, leur évolution psychologique ou encore leur perception du monde. Ils servent de points de repères et, à travers la mise en récit, ils conservent leurs caractéristiques principales et en prennent des supplémentaires qui marquent l'appropriation de l'auteur de fanfictions. Comme l'a précisé L. dans l'extrait ci-dessus, il est possible pour les auteurs de s'écarter de ces règles s'il s'agit de l'objectif de leur récit, mais ils devront alors préciser cette caractéristique lors de la publication pour rester dans les cadres établis. On voit bien qu'il existe ici un ensemble de critères endogènes, de règles collectives que l'auteur se doit de connaître et d'appliquer, car c'est au regard de sa capacité à le faire et, en quelque sorte à se justifier de ses choix, que le texte sera évalué : le lecteur doit savoir à quoi s'attendre.

Tout ceci nous permet de nous rendre compte qu'une pression structurelle venant de l'ensemble de la communauté, regroupant les différents acteurs du milieu de la fanfiction, est exercée sur les écrits que les auteurs de fanfictions produisent et, par principe de rétroaction, ces auteurs contribuent par leur travail à produire quelque chose pour cette communauté. Ainsi, les formes que prennent les fanfictions sur ce genre de sites ne sont pas intuitives, elles sont soumises à un ensemble de règles qui font de ces espaces des espaces sociaux avant tout. Mais cette présence de l'influence des autres sur le récit n'est pas seulement perceptible par cet ensemble de règles et de contraintes, elle l'est aussi dans les interactions entre les différents acteurs du milieu et leurs actions, qui vont plutôt orienter la manière dont le récit va être mené.

Interactions dans le processus de publication

La réception du public

Si on veut comprendre la manière dont les lecteurs peuvent influencer les textes que produisent les auteurs de fanfictions, il faut s'intéresser aux modalités de publication qui concernent autant l'espace sur lequel elles sont déposées que la temporalité qui les régit. En effet, sur le site *FanFiction.Net*, il est d'usage de publier les fanfictions courtes en une fois (*one shot*), et les fanfictions longues chapitre par chapitre, un peu à l'image des romans-feuilletons[18]. Ainsi, sur les sites qui fonctionnent sur un modèle archivistique, il y a un travail d'écriture qui s'effectue en amont[19] de la publication et un délai de latence, puisque les écrits à venir ne sont en général pas encore rédigés et ce quel que soit leur nature. Ceci laisse pleinement place à la réception des fanfictions et au retour des lecteurs.

Plusieurs instruments permettent à un auteur de mesurer la réception de ses publications. Par exemple, toujours sur le site *FanFiction.Net*, les auteurs ont accès depuis leur compte à un ensemble de données statistiques. Parmi ces dernières on trouve le détail du nombre de vues et du nombre de visiteurs pour chaque histoire et chapitre et ce au jour, au mois ou encore à l'année. Si un auteur publie une fanfiction longue depuis plusieurs mois, il peut voir « sa courbe d'audience » mois par mois avec des précisions au jour le jour. Cela lui permet de savoir s'il est parvenu à capter un public, si ce dernier augmente ou diminue, si les lecteurs ont lu plusieurs chapitres (*prorata* visiteurs/vues) ou encore s'ils ont cherché à aller lire d'autres textes écrits par lui en se rendant sur son profil. Ces retours indirects et anonymes[20] peuvent servir

---

[18] François mentionne des écritures « par mise à jour » (2009 : 169).

[19] *FanFiction.Net* permet même d'importer des documents, ce qui n'est pas toujours le cas. Par exemple, la plateforme de publication Wattpad, aussi créée pour publier depuis un smartphone, invite les auteurs à écrire directement dans un espace prévu à cet effet. Ce faisant, beaucoup de textes sont écrits par séquences et publiés instantanément.

[20] Les auteurs n'ont pas accès à la liste de leurs lecteurs et ces lecteurs ne sont d'ailleurs pas toujours inscrits sur le site.

d'indicateurs de réussite et de conforter ou non chez l'auteur dans la poursuite de ses publications. C'est également le cas de retours aussi indirects, mais nominatifs, comme l'ajout aux favoris ou aux listes d'alertes, qui donnent accès à la liste des utilisateurs qui ont effectué l'action : dans ce cas l'auteur sait que son récit a plu. Cependant, ces types de retours ne permettent que de quantifier certaines variables et d'émettre des hypothèses sur la portée des écrits, ce qui est bien souvent perçu comme insuffisant par les auteurs de fanfictions qui cherchent aussi à connaître le point de vue des autres acteurs du milieu. Ils portent donc une attention particulière aux commentaires et aux messages privés laissés par des lecteurs.

Parfois appelé le « salaire des auteurs »[21], le commentaire ou *review* est pour beaucoup d'auteurs de fanfictions un type de retour important : un simple « merci » ou un « j'ai adoré » peut l'encourager à continuer de publier et donc à perpétuer le cycle de ses publications. Les mots, même les plus simples, ont pour la plupart des auteurs une portée plus importante que les statistiques car ils apportent un aperçu de la perception du lecteur en même temps qu'ils témoignent d'une attention qui leur a été accordée ; une interaction a été initiée, ce qui est bien souvent la raison de leur présence sur ces plateformes de publication. Les commentaires peuvent être effectués en public dans la catégorie *reviews* présente pour chaque histoire publiée, ou en privé via la messagerie du site. Les auteurs avec lesquels je me suis entretenue sont parfaitement conscients de l'importance que peut revêtir un commentaire et la plupart d'entre eux m'ont d'ailleurs avoué en laisser pour soutenir d'autres auteurs, voire répondre à chaque commentaire pour encourager ce type de retour. Cependant, même si beaucoup s'accordent sur le rôle et l'importance que peuvent jouer les commentaires dans le maintien de la pratique, et donc l'actualisation des récits par de nouvelles publications, ils n'en ont pas tous pour autant la même vision.

---

21 À titre d'exemple, voir le podcast de Dupond et Dupont sur sa chaîne YouTube « Mon placard déborde de fanfictions », posté le 14 novembre 2016. https://www.youtube.com/watch?v=XB8rJXV-_do

Le lien entre la production des récits et les commentaires

Quand on s'intéresse de plus près à l'utilisation des commentaires, on se rend compte qu'il n'y a, bien évidemment, pas qu'un seul mode de fonctionnement possible et que ce mode dépend des dispositions de l'auteur et de celles de son lecteur. Pour commencer, il faut que les lecteurs décident de commenter les récits qu'ils lisent, ce qui est loin d'être systématique. D'après mes enquêtés les plus anciens dans la pratique (entre 10 et 20 ans d'ancienneté), cet écart entre le nombre de vues et le nombre de commentaires a toujours existé, mais il semblerait qu'il se creuse encore et toujours. Ceci serait dû à une combinaison de plusieurs facteurs. Le premier serait d'ordre générationnel. En se renouvelant, les publics ont, pour une grande part, intégré des lecteurs qui ont grandi avec les nouvelles technologies, notamment avec le Web social et communautaire. Habitués à la gratuité et à la profusion des contenus, ils n'auraient pas conscience du travail qu'il y a derrière l'écriture d'une fanfiction, de l'investissement et de la contrainte que peut représenter son écriture. Ensuite, la structure même de certains sites de publications serait moins adaptée tant à l'évolution des publics qu'à celle des technologies. Ceci est visiblement le cas de *FanFiction.Net* qui est en perte de popularité auprès de la plupart de mes enquêtés, depuis l'arrivée de concurrents tels que Archive *Of Our Owns* (AO3) ou *Wattpad*, respectivement site d'archive plus dynamique et site de microblogging proche du fonctionnement des réseaux sociaux.

L'œuvre sur laquelle les auteurs de fanfictions choisissent d'écrire a également un impact sur la réception des fanfictions et les retours des lecteurs : plus l'œuvre sera populaire et inscrite dans l'actualité, plus le public sera important, augmentant ainsi les chances pour l'auteur d'avoir des retours. Des dynamiques similaires se retrouvent à l'intérieur même des *fandoms* étant donné que certains types de fanfictions touchent un public plus large que d'autres. C'est par exemple le cas de celles qui sont axées sur le traitement de certains personnages ou couples de personnages, et/ou de celles dont les récits sont sexuellement explicites. Comme le dit L. dans la suite de son explication : « Le domaine de la fanfiction étant très majoritairement féminin, on a plus de chance d'avoir du succès en écrivant de la romance, par exemple. […] D'ailleurs, les autrices parlent beaucoup en termes de *pairing* (couple, un tel avec un tel) » (le 24/07/17).

Ainsi, les auteurs qui écrivent des fanfictions sur un *fandom* et des thématiques populaires, que ce soit par envie personnelle et/ou par stratégie[22], se retrouvent face à un public nombreux mais aussi face à une quantité importante de récits écrits par d'autres auteurs. Ils vont donc s'appliquer à capter une partie de ce public en demande. C'est par exemple ce que nous explique K., 28 ans, web analyste : « J'ai commencé par écrire un OS [*one shot*] très... hard. C'était un moyen de susciter l'intérêt des lecteurs sur une forme de *PWP*[23] que je n'avais pas encore trouvée dans mes lectures. Bien sûr j'ai été très critiquée […] [mais] j'ai fait fi des mécontents (ils étaient peu en plus) et j'ai continué à écrire mes idées. Mes fictions marchent plutôt bien, j'ai pas mal de *followers* et de gens qui m'écrivent » (le 12/03/17).

L'interaction avec les lecteurs revêt une certaine importance dans cette démarche. En effet, K. m'expliquera plus tard avoir entretenu une dynamique d'activité auprès des lecteurs de son blog en tissant des liens et en échangeant ou sollicitant des commentaires. Pour elle, le contact avec les lecteurs revêt une certaine importance :

> « Alors la réactivité peut devenir oppressante, surtout si tu comptes devenir connu. Sur *Skyrock* la communauté n'était pas très agressive et plutôt patiente. Par contre […] sur fanfiction les gens sont beaucoup moins patients […]. En quelques mois j'ai pratiquement perdu tous mes lecteurs et, comme maintenant ça fait presque deux ans que je n'ai pas posté de fiction sur Harry Potter, mes fans m'ont abandonné » (16/09/17).

---

[22] C'est notamment le cas de l'une des enquêtées de mon panel, qui explique qu'on est certain d'avoir un public si on écrit des récits sexuellement explicites, ce qu'elle applique à ses propres écrits.

[23] Acronyme de « *Plot ? What Plot ?* » ou « *Porn Without Plot* ». http://etude.fanfiction.free.fr/lexique.php#pwp.

Cette manière de procéder, d'aller chercher le lecteur, de l'intéresser et de chercher à maintenir sa présence, est une méthode qui est également employée par certains auteurs qui deviennent actifs sur les réseaux sociaux[24] pour garder ce lien, ce rapport auteur/lecteur, le temps qu'une nouvelle histoire ou un nouveau chapitre soit publié[25]. Cependant, au-delà de la simple stimulation qui permet à la pratique d'être, en quelque sorte, auto-entretenue, il y a des échanges qui se font et qui ont un impact sur le récit en lui-même.

De la stimulation à l'émulation

Lorsqu'on regarde de plus près les commentaires publiés à propos des fanfictions suivies par un lectorat actif, on se rend compte que des spéculations et des aspirations sur la suite du récit sont verbalisées par certains lecteurs. À l'instar des discussions, des analyses en tous genres et des pratiques de *spoil* que l'on peut voir sur certaines séries à succès[26], les lecteurs participent à leur manière au récit en train de se faire tout en contribuant à entretenir leur propre intérêt entre les publications. Ceci n'a rien d'étonnant puisque, comme je l'ai expliqué, les fanfictions qui suscitent un certain engouement sont liées à ces mêmes séries à succès et donc, de manière logique, cristallisent une partie des réactions des publics. Correspondant aux aspirations exprimées par une majorité de fans et s'écartant souvent du scénario principal, jusqu'à être considérées par certains comme superflues, ces logiques semblent proches de ce que l'on appelle le *fanservice*[27], c'est-à-dire des récits détachés de l'intrigue principale et conçus pour satisfaire les fans. D'ailleurs pour certains auteurs, comme I, 18 ans, lycéenne, les fanfictions

---

[24] Notamment Facebook ou Twitter.

[25] Ces actions ne sont pas sans rappeler les stratégies commerciales utilisées par les professionnels du livre.

[26] Jenkins (2006 : 25-58). Cela signifie qu'on retrouve, à une échelle moindre, des activités de fans autour de pratiques de fans.

[27] Pratique selon laquelle des auteurs, éditeurs ou encore des producteurs choisissent de produire des contenus qui correspondent aux attentes du public. Elle doit être distinguée de la production des *fillers,* qui sont des scénarios annexes produits lorsqu'une série adaptée d'un ouvrage en cours de publication a pris de l'avance sur ce dernier.

sont « écrites par des fans d'une saga/série/etc., pour les autres fans ».

Les dispositions à l'égard de ce type de commentaires sont multiples et, bien qu'ils ne fassent pas l'unanimité auprès des auteurs, leur existence permet de souligner la dimension communautaire qu'il peut y avoir autour de ce genre de pratiques : elles rassemblent et permettent de faire corps autour de perspectives communes. Alors qu'une partie des auteurs avec lesquels je me suis entretenue m'ont dit ne pas tenir compte de ce genre de commentaires, d'autres m'ont affirmé le contraire. Parmi ces derniers on retrouve plusieurs tendances :

- les auteurs qui essayent de prendre en compte les commentaires des lecteurs car ils considèrent que c'est un juste retour ;
- ceux qui vont ponctuellement prendre une idée pour préciser un détail ;
- et enfin ceux qui vont reprendre certaines spéculations faites par des lecteurs pour orienter la suite de leur récit.

Pour ces derniers, cela veut dire que les demandes des lecteurs vont directement influencer la tournure des événements qu'ils vont par la suite narrer et que le public participe, sans forcément le réaliser, à orienter les productions qu'il lit.

En résumé, nous avons là des auteurs, généralement eux-mêmes également fans, qui écrivent des récits orientés par des attentes personnelles qui correspondent aussi à celles d'un nombre important de fans, parmi lesquels figurent leurs lecteurs. Les fanfictions qu'ils écrivent portent alors des caractéristiques qui les rendent attrayantes pour un grand nombre d'acteurs, augmentant la somme des lecteurs potentiels. En revanche, ils se retrouvent confrontés à une forte concurrence, et à des lecteurs qui ont le choix et qui peuvent s'avérer volatils. Ainsi, si leur désir est de se faire et de conserver un public, les auteurs vont alors chercher à le stimuler, au moyen de publications répétées, et à le satisfaire quitte à suivre ses recommandations. Ces logiques sont proches des logiques socioéconomiques de management et marketing de captation des publics soulignées plus haut[28]. Dans ce cas de figure, les interactions ont alors un impact direct sur le contenu des récits. L'auteur et son public participent de concert à stimuler l'offre et la demande sur le même type d'histoire, créant une sorte d'émulation qui rend le *fandom* actif et donc « vivant », mais qui peut aussi donner une impression d'uniformité. C'est ce que déplorent certains auteurs qui essayent de défendre la diversité et/ou de redonner un souffle à des thématiques moins populaires, concernant des parties du *fandom* dites « mortes »[29].

Poids des relations dans le récit

Rencontres, échanges et formes de participation

Les interactions distantes, telles que celles de certains auteurs envers leur public, ne sont pas les seules qui existent, tout comme les auteurs qui écrivent sur des sujets populaires ne sont pas tous engagés dans la stimulation et l'entretien d'un public, bien qu'ils participent eux aussi à cette émulation. D'ailleurs, des liens de cause à effet peuvent être tissés entre les deux. En effet, lorsque je me suis intéressée aux relations que les auteurs de fanfictions entretiennent via cette pratique, beaucoup m'ont cité le commentaire comme moyen classique de rencontre. Ils ne sont donc pas seulement utilisés pour mesurer la réception des fanfictions et capter les attentes des lecteurs. Ces rencontres s'effectuent lorsque les auteurs décident de répondre aux commentaires pour remercier leurs lecteurs[30], ou alors lorsqu'un commentaire les a interpellés et qu'ils ont décidé d'y répondre de façon plus personnelle. Dans les deux cas, cette réponse peut mener à une autre réponse et entraîner une discussion, voire un échange à long terme si les deux interlocuteurs se trouvent des points communs, et ainsi favoriser la création d'une

---

[28] Voir aussi Franck Cochoy (2004).

[29] C'est d'ailleurs par opposition à l'expression « f*andom* mort », souvent utilisée par les auteurs avec lesquels je me suis entretenue et d'autres acteurs du milieu, que j'ai choisi d'utiliser par opposition celle de « *fandom* vivant ».

[30] Le site propose de le faire directement par messagerie privée, et non pas en sous-commentaire comme on a l'habitude de le voir sur les réseaux sociaux, ce qui peut permettre aux conversations de se faire plus librement.

relation interpersonnelle. E., 19 ans, étudiante dans une école de cinéma, raconte avoir fait connaissance avec d'autres auteurs en discutant d'abord par message privé, puis en échangeant son adresse mail ou son numéro de téléphone, avant d'en rencontrer certains[31]. Elle précise qu'il y a encore deux auteures, qu'elle a connues vers ses 15 ans, avec qui elle est toujours amie, même si elles n'écrivent plus de fanfictions.[32]

Tandis que les liens et les échanges qui entraînent une émulation visible à l'échelle d'un *fandom* semblent essentiellement relever de l'attrait collectif pour de mêmes aspirations au sujet d'un même univers de référence (indépendamment du statut des acteurs), d'autres semblent révéler un autre type d'émulation, plus restreint mais qui influence également la production des récits : les pratiques collectives d'écriture. Ces dernières s'effectuent essentiellement entre auteurs et peuvent être directes (co-écritures) ou indirectes (soutien). Les concours et les défis, en général lancés par des auteurs qui souhaitent redynamiser une thématique au sein d'un *fandom* ou le *fandom* même, peuvent aussi être pris en compte bien que tous les participants ne soient pas forcément liés. Leurs efforts vont alors converger temporairement vers le même objectif.

> « *FanFiction.net* puis Facebook m'ont fait rencontrer des gens avec les mêmes passions, sans jugement. Il y a une certaine émulation entre auteurs, on s'encourage, on se lance des défis, j'ai même organisé des concours pour stimuler la création. Pour anecdote, il y a eu un moment, on écrivait un texte comme cadeau d'anniversaire [...]. Mais bon, quand notre petite troupe a grandi, on a vite arrêté, on n'arrivait plus à suivre » (N., 46 ans, infirmière, le 15/02/17).

L'influence de ces pratiques collectives sur les récits semble alors évidente. Les concours et les défis génèrent des types de récits qui n'auraient jamais été écrits sans ces objectifs contraints. Intégrer un

---

[31] Schéma qui m'a été décrit par la grande majorité de mes enquêtés.

[32] Le 30/05/16.

groupe de soutien permet aux auteurs d'échanger avec des personnes qui comprennent leur situation et peuvent les encourager, les relire ou les conseiller, ce qui a tout de même son importance quant à la production et la publication des récits. En ce qui concerne la co-écriture, cela impulse des changements au niveau de la mise en récit même, puisque des auteurs doivent trouver le moyen de concilier leurs points de vue et leurs méthodes ce qui, aux dires que mes enquêtés, n'est pas des plus facile[33]. Beaucoup préfèrent d'ailleurs abandonner ou ne jamais tenter l'expérience, notamment car ils refusent de perdre le contrôle sur les événements mis en récit et les formes de la narration. En ce qui concerne les fanfictions cadeaux mentionnées par N., il s'agit d'un type de fanfictions assez courant que s'échangent les acteurs du milieu. Elles rendent visibles aux yeux de tous des liens et peuvent être perçues comme des marques d'affection données en public. Le fait qu'elles soient écrites pour faire plaisir à une personne en particulier oriente le récit selon ses goûts, réduit voire écarte des questions liées à une prise de parti, et propose un contenu davantage émancipé des contraintes et des attentes collectives. Un seul lecteur est au final réellement visé, ce qui est d'une manière générale accepté par la communauté.

Les relations que les auteurs de fanfictions nouent dans ces contextes sont à géométrie variable, elles peuvent aller des relations de collaboration ponctuelles à des relations de confiance durables. Les auteurs de mon panel s'appliquent en général à distinguer les « contacts », les « copains », les « amis » et les « amis intimes », qui occupent souvent la place de « confidents » (Ferrand, 1991). Tous ces types de relations peuvent être entretenus en même temps mais selon des échelles différentes qui induisent une certaine forme de hiérarchisation : alors que le nombre de contacts peut aller jusqu'à plusieurs dizaines, celui des copains excède rarement une dizaine et celui des amis rarement les trois personnes. Quant aux confidents, ils sont généralement uniques. Les auteurs ne vont pas tous exprimer le même modèle relationnel, alors que certains

---

33 Au sujet des contraintes associées à l'écriture à plusieurs mains avec argumentation et prise de parti, voir notamment Plane Sylvie (2001) et Alain Rabatel (2005).

entretiendront des relations de tous ordres, d'autres entretiendront davantage des relations d'un type spécifique, ce qui n'est pas sans conséquence sur la mise en récit. Mais quelles implications concrètes peuvent avoir ces relations sur la production de fanfictions ?

Réflexivité et restitution d'un réalisme fictionnel

Les auteurs qui m'ont parlé des relations impliquant une certaine intimité avec d'autres auteurs de fanfictions disent souvent avoir un attrait pour au moins une œuvre en commun, mais également ne pas nécessairement partager le même point de vue à son sujet. Ce ne sont donc pas nécessairement leurs attentes à propos de cette œuvre qui sont à la base de leur lien, mais sans doute un autre type de dynamique. À ce sujet, ce qui est ressorti le plus souvent des entretiens, c'est un attrait pour le style d'écriture ou encore pour la manière dont a été traité un sujet. Ceci a suscité un intérêt pour l'auteur de l'histoire, et non plus seulement pour la thématique de ses écrits ou de l'univers de référence auquel il se rattache. Il est alors contacté pour ce que ses textes laissent transparaître, ce qui favorise les échanges susceptibles de dépasser le cadre de la fanfiction. Ce qu'ils en viennent à partager concerne davantage leur vécu ainsi que leur vision du monde et de l'écriture.

Lorsqu'elle a commencé à échanger dans des groupes dédiés à la publication de fanfictions sur Internet, en l'occurrence une liste de diffusion par mail, A., 35 ans, professeure de français à la retraite, a rencontré Y. avec qui elle s'est mise à entretenir une relation amicale forte, qui perdure encore aujourd'hui. Bien qu'il s'agisse d'une relation à distance, elles partagent toutes les deux autant leur quotidien que leurs expériences et leurs compétences. Cette proximité leur permet de se soutenir mais aussi de progresser, elles peuvent plus facilement prendre du recul sur ce qu'elles font, avoir quelqu'un pour les confronter à leurs limites, et ainsi acquérir une certaine réflexivité sur leurs productions. A. explique à ce sujet qu'elle est « sa bêta [correctrice] et son oreille quand elle commence à avoir des idées de son côté » et que son « boulot est de pointer là où ça fait mal, autrement dit, tout ce qui ne tient pas la route ». Le fait d'en appeler à des liens de grande proximité pour ce genre de tâche est assez répandu. La grande majorité des auteurs de mon panel m'a avoué avoir besoin d'être en confiance pour faire appel à ce qu'on appelle dans le milieu un « bêta-correcteur[34]». En effet, leur fonction dépasse souvent la simple correction des fautes d'orthographe et certaines de leurs suggestions peuvent heurter les auteurs. Ainsi, une remarque venant d'une personne qu'ils ne connaissent pas ou peu, bien que bienveillante, peut apparaître violente car dépouillée de tout le contexte humain et relationnel. C'est une des raisons pour lesquelles ce rôle est souvent occupé par un proche, ami ou conjoint, parfois lié à la pratique de ce seul auteur.

Conjuguée à une certaine maturité, la leur ou celle de leurs relations, cette réflexivité est reportée sur les situations qu'ils créent et les personnages qu'ils traitent, ce qui a souvent pour résultat de rendre le récit réaliste, vraisemblable et donne une impression de cohérence. Cette cohérence est perçue par les lecteurs, à plus forte raison si elle les touche directement, et participe à restituer une certaine épaisseur du réel. C'est par exemple le cas de N., 46 ans, infirmière de profession, qui a été en contact avec des personnes avec un passé lourd à porter et dont elle a partagé les souffrances :

> « Pour anecdote, j'ai écrit une fic avec des viols, le genre de truc pas facile [...]. De là, trois jeunes nanas sont venues me raconter le leur, elles n'en avaient parlé à personne, ça m'a secouée. Et celle sur le Sida, un jeune séropositif est venu me remercier, on a discuté, comme nous ici. [...] Par contre, le jeune séropositif, lui, il m'a remuée. Il m'a dit qu'il m'a adorée, car l'histoire ressemblait tellement à sa réalité. Et qu'il m'a détestée, parce que la *happy end,* il ne la connaîtrait jamais. Il était très défaitiste, ce que je comprends. Du coup, on a beaucoup discuté [...]. À la fin, il m'a remerciée [...]. Je crois que c'est mon plus beau souvenir de FF, et rien que pour ça, les trolls ont perdu de leur importance alors qu'à un moment, je ne

[34] Cette catégorie renvoie à des usages différents de ceux connus en dehors du milieu de la fanfiction. Son étude fera l'objet d'un prochain article.

> voyais plus qu'eux » (N., « entretien avec l'auteur », via la messagerie du site *FanFiction.Net*, le 15/02/17).

Ici, les échanges n'orientent pas la direction que prend l'histoire, mais participent plutôt à sa consolidation. Certains prennent même cette épaisseur comme un gage de qualité et cherchent à la restituer dans leurs propres histoires, au-delà de leurs expériences personnelles. C'est ce qu'affirme P., 20 ans, étudiante en kinésithérapie, pour qui la cohérence entre les recherches et la compréhension de l'univers emprunté avec le propos traité est fondamentale si l'auteur cherche à rendre un récit réaliste, bien que ce ne soit pas une obligation dans le monde de la fanfiction. Ce point de vue est également partagé par H., 30 ans, responsable de projets industriels, et par N. De son côté, cette dernière va jusqu'à dire que tout sujet sérieux se doit d'être traité avec un minimum de fidélité et de précaution, par respect pour les personnes directement touchées par les sujets qui pourraient lire leurs histoires. En effet, beaucoup d'auteurs de mon corpus ont dénoncé des histoires narrant des abus et des violences de manière positive, écrites par des auteurs inconscients des conséquences de tels actes. Bien que pouvant être des écrits subversifs, l'éthique et le respect marqueraient la limite à ne pas franchir dans l'écriture de fanfictions, renvoyant dès lors à un certain bon sens collectif ou encore à une responsabilité de l'écrivain[35]. Les logiques auxquelles renvoient ces dynamiques relationnelles paraissent opposables à celles de « captation des publics » décrites en fin de seconde partie.

Deux pôles de fonctionnement

Bien qu'il existe autant de manières de pratiquer l'écriture de fanfictions qu'il existe d'auteurs, on peut déjà cerner à partir des données présentées ci-dessus deux dynamiques de fonctionnement différentes qui permettent d'éclairer le lien entre les rapports que les auteurs de fanfictions entretiennent avec d'autres acteurs du milieu et la mise en récit. Tout d'abord, j'ai montré qu'il y a un type de production de fanfictions pour lequel le récit est essentiellement axé sur les attentes que les auteurs et les lecteurs portent à l'égard de l'univers de référence qu'ils apprécient. Ce sont des récits « de

---

[35] Voir Sapiro (2011).

fans faits pour les *fans*», pour reprendre les propos de I. En effet, ces récits rendent compte d'attentes personnelles qui sont collectivement partagées et qui concernent, en règle générale, les relations entre les personnages appréciés. Certaines de ces attentes, en plus d'être collectivement partagées, sont suffisamment répandues pour bénéficier d'une grande visibilité et apparaître comme représentatives des productions du milieu. Des *best-sellers* issus de fanfictions qui ont été transformées en romans originaux, comme *Fifty Shades Of Grey*, basé sur l'univers de *Twilight*, en sont un exemple significatif. Beaucoup d'auteurs de fanfictions estiment qu'ils ne sont pas représentatifs de ce qu'est la fanfiction alors que c'est l'image qu'en ont d'autres personnes, notamment extérieures au milieu. Ils avouent cependant que ce genre de fictions a attiré un nouveau public, et donc des lecteurs.

Les auteurs les plus ancrés dans cette forme d'écriture semblent s'adapter continuellement à la demande, au fil des publications, par une participation active dans le milieu, dont ils ont d'ailleurs une bonne connaissance. En effet, en plus de stimuler leur public et de répondre à ses attentes, ces auteurs font aussi partie de ceux qui lisent souvent des fanfictions, et donc qui se nourrissent des productions des auteurs écrivant sur le même genre de thématiques. Par contre, malgré cet investissement, mes données ont révélé que ces auteurs n'entretiennent que peu d'échanges directs avec d'autres acteurs du milieu de la fanfiction, notamment sur le long terme. Ils parlent de leurs lecteurs ou alors de leurs «*fans*» de manière indifférenciée, et ne mettent pas en avant de rapport de proximité avec leurs lecteurs ou encore avec les autres auteurs : ils ne semblent pas s'investir d'un point de vue personnel dans cette pratique, ne créent pas ou très peu de relations interpersonnelles alors qu'ils font pourtant partie des auteurs qui exposent le plus leur pratique, même dans leur vie quotidienne.

Cependant, des auteurs publiant parfois des fanfictions qui portent sur le même genre de caractéristiques, et qui ont aussi un public actif, peuvent se rapprocher de la seconde forme de pratique, celle davantage liée au réalisme fictionnel. Les différences entre les deux résident essentiellement en trois points. Contrairement aux premiers, ils n'abordent pas forcément ou exclusivement les mêmes sujets et écrivent des fanfictions variées, ils ne suivent pas ou peu les recommandations de leur public et ils ont des relations avec d'autres acteurs du milieu, notamment des auteurs. On retrouve parmi ces derniers des relations de proximité alors qu'ils ne lisent pas nécessairement beaucoup de fanfictions, voire qu'ils n'en lisent plus. En effet, il ressort de mes entretiens que ces derniers ne sont pas particulièrement impliqués dans le maintien de certaines dynamiques de production ou de stimulation du public. Ils préfèrent rester maîtres des intrigues qu'ils développent, et ont souvent pour habitude de structurer leurs fanfictions en amont : l'histoire et ses étapes clés existent avant d'être écrites. D'une manière générale, ces auteurs ne s'intéressent pas ou peu aux écrits de l'ensemble des auteurs de fanfictions, mais vont plutôt s'intéresser à ceux en qui ils ont reconnu des qualités particulières. Les retours qu'ils font à ces auteurs sont en général plus critiques, axés non pas sur un sujet mais sur des logiques autres, indépendantes de celles propres aux œuvres et aux échanges entre fans. Ils ont dans ce cas une teneur similaire à ceux qu'ils aiment recevoir. Ces commentaires laissent place, au fil des interactions, à des relations interpersonnelles qui vont jusqu'à s'étendre en dehors du milieu de la fanfiction. Il n'est d'ailleurs pas rare que ces relations soient liées à des cercles en lien avec d'autres pratiques créatives, qu'elles soient amateures ou professionnelles, telles que l'illustration ou la couture.

Conclusion

À travers ce premier compte rendu sociographique, j'ai cherché à montrer que le milieu des fanfictions sur Internet est régi par un ensemble de règles collectives qui donne lieu à une formalisation des récits produits. Ils sont reconnaissables en tant que fanfictions et identifiables par les différents acteurs du milieu et par ceux qui gravitent en périphérie. À travers l'analyse des interactions et des relations qu'entretiennent les auteurs avec l'ensemble des autres acteurs du milieu, j'ai voulu apporter un éclairage sur la manière dont l'étude des composantes sociales peut permettre de cerner des mécanismes de mise en récit distincts et qui ne sont pas appréhensibles à travers les approches développées par les *cultural* et les *fan studies*. Je n'ai pas entrepris cette démarche dans le but de proposer une analyse précise, mais plutôt avec l'idée de faire émerger deux pôles de fonctionnement opposables, avec leurs similitudes et leurs différences, qui permettraient de révéler en creux tout un éventail de cas de figures. Comme je l'ai montré, certains auteurs partagent des caractéristiques issues de ces deux pôles et donc produisent des récits de types différents.

Les dynamiques relationnelles présentées ici sont contextuelles au site *FanFiction.Net*, elles sont donc liées à un espace particulier et peuvent varier d'un site à l'autre. En effet, tous les sites sur lesquels on retrouve des fanfictions possèdent un fonctionnement propre qui peut faire varier les modes d'interaction et de communication. De même, ils ne regroupent pas tous les mêmes populations, qui peuvent être très spécifiques, ce qui entraîne des variations au niveau des ressources humaines et textuelles disponibles. Ces variations sont d'ailleurs perçues par les auteurs. Alors que certains préfèrent continuer de publier sur le même site, d'autres changent ou encore publient simultanément au sein de plusieurs espaces : chaque auteur actif développe des stratégies qui lui sont propres pour avoir accès à ce qu'il recherche, ce qui le maintient dans son engagement pour cette pratique. Ainsi, au-delà des fanfictions, c'est bien l'accès à des ressources potentielles et potentiellement utiles qui motive la présence des différents acteurs de ce milieu.

D'un point de vue structurel, chaque site sur lequel des fanfictions sont publiées regroupe des *fandoms* qui lui sont propres, constitués de communautés « endémiques », et ces communautés sont liées à des thématiques spécifiques qui regroupent les acteurs en autant de micro-communautés. Sachant que ces thématiques sont récurrentes d'un *fandom* à l'autre et qu'elles sont entretenues par des acteurs et des collectifs identifiables (au moins en partie), il semblerait que cet ensemble soit le résultat de formes d'actions qui conditionnent une création de fictions adaptées à l'ensemble des attentes des acteurs, contribuant alors à faire circuler des ressources spécifiques. Le fait que ces acteurs entretiennent des liens avec des acteurs issus d'autres sites, d'autres communautés ou micro-communautés, et eux-mêmes pouvant appartenir à plusieurs d'entre elles démontre, il me semble, l'existence d'un système qui permet de favoriser la circulation des contenus et d'organiser leur répartition. Ce système permettrait d'augmenter la portée des différents récits face à un public hétérogène, sans pour autant garantir une égalité dans la répartition des ressources.

Bibliographie

Barnabé, F. (2014). La ludicisation des pratiques d'écriture sur Internet : une étude des fanfictions comme dispositifs jouables. *Sciences du jeu, 2.* http://journals.openedition.org/sdj/310.

Black, R. (2006). Language, Culture, and Identity in Online Fanfiction. *E–Learning, 3*(2). http://www.academia.edu/6047161/Language_Culture_and_Identity_in_Online_Fanfiction.

Busse, K., Hellekson, K. (éd.). (2006). *Fan Fiction and Fan Communities in the Age of the Internet.* North Carolina, McFarland/Company Inc.

Chibout, K., Martial, M. (2010). Jouer et raconter en ligne : Une affirmation des identités sous la contrainte. *Ethnologies, 32*(1), 71–86.

Cochoy, F. (dir.). (2004). *La captation des publics. C'est pour mieux te séduire mon client…*. Toulouse, Presses Universitaires du Mirail.

Cristofari, C. (2010). Lecteur, acteur : la culture populaire revisitée par les fanfictions et les jeux de rôle. *TRANS, 9.* http://journals.openedition.org/trans/372.

Ferrand, A. (1991). La confidence : des relations au réseau. *Sociétés Contemporaines, 5*, 7-20.

François, S. (2009). Fanf(r)ictions. Tensions identitaires et relationnelles chez les auteurs de récits de fans. *Réseaux, 153*, 157-189.

François, S. (2013). *Les créations dérivées comme modalité de l'engagement des publics médiatiques : le cas des fanfictions sur Internet.* thèse en sociologie, Télécom ParisTech.

Jenkins, H. (1992). *Textual Poachers: Television Fans & Participatory Culture. Studies in culture and communication.* New York, Routledge.

Jenkins, H. (2003). *Transmedia Storytelling. Moving characters from books to films to video games can make them stronger and more compelling.* http://www.technologyreview.com/news/401760/transmedia-storytelling.

Jenkins, H. (2006). *Convergence culture, where old and new media collide.* New York, New York University Press.

Milard, B. (2013). Les écrits scientifiques : des ressorts relationnels pour la recherche. *Sciences de la société, 89*, 18-37.

Plane, S. (2001). Problèmes de définition et négociations sémantiques dans la rédaction à deux d'un texte argumentatif. Dans Bouchard R., Gaulmyn M-M., Rabatel A. (éds.). *Le processus rédactionnel : écrire à plusieurs voix*, (103-128). Paris, L'Harmattan.

Rabatel, A. (2005). La narrativisation d'un texte argumentatif : résolution des conflits et argumentation propositive indirecte ». Dans Bouchard, R., Mondada, L. (éds.). *Les processus de la rédaction collaborative* (227-255), Paris, L'Harmattan.

Sapiro, G. (2001). *La responsabilité de l'écrivain. Littérature, droit et morale en France (XIXe–XXIe siècle).* Paris, Éd. Le Seuil.

Tushnet, R. (2007). *Copyright law, fan practices, and the rights of the author.* https://tushnet.files.wordpress.com/2013/06/fandombook.pdf.

Constructions objective et subjective de la diégèse dans les récits hagiographiques racontés par les gardiens des mausolées

Souad Bahri

Maître de conférences en sciences du langage

Université Belhadj Bouchaib

Ain Témouchent, Algérie

Résumé : Les récits dits « hagiographique*s* », intégrés dans le discours global évoquant les dons probatoires des *karamât el wâlî*[1], placent les *muqadmîn*[2] dans une position de narrateurs-transmetteurs d'une mémoire collective. Des saints sont appelés à relater des évènements « faisant vrais » à travers des récits où le fabuleux (lié aux miracles du saint) et le réel sont en perpétuelle confrontation. En effet, nous avons tenté dans ce travail de voir comment le gardien de mausolée, évoluant dans un pays musulman, peut mettre en place une marge de distanciation en narrant la vie de l'autre, mais il s'agissait surtout de repérer la présence du narrateur ainsi que l'argumentation qu'il avance en prétendant s'effacer. De fait, le *muqadam*, qui a pour responsabilité d'assurer la continuité des croyances véhiculées par le récit « hagiographique » dans un contexte réel, en décrivant l'évolution de sa propre communauté, tente à travers la mise en récit de raconter l'existence du mausolée, celle de l'histoire de sa communauté, afin de se raconter en tant que guérisseur et thaumaturge.

Mots clés : récit hagiographique, diégèse, effacement énonciatif, argumentation, croyances, subjectivité.

[1] Le terme est l'équivalent des saints

[2] L'équivalent en français des gardiens des mausolées

Introduction

Le récit « hagiographique » retraçant la vie des saints musulmans a été l'objet d'étude de maints travaux en sciences humaines, notamment en sociologie et en anthropologie. Nous pouvons citer, à titre d'exemple, les travaux de Dermenghem (1981), Chambert-Loir et Guillot (1995). Ceux également de Mokrani Mohammad (1996), Daumas (2006), Touati (1994), Bouchama (2000), ou encore celui du sociologue marocain Abderrahîm (2000). Par ailleurs, dans le domaine des sciences du langage et plus précisément le champ de l'analyse du discours, ce genre de récit n'a pas été abordé en tant que production portée par un discours sur les saints où la langue est vectrice d'une mémoire collective soutenant depuis des siècles le culte des saints.

Ainsi, à travers notre travail de recherche, nous avons tenté de nous focaliser non seulement sur le récit « hagiographique » comme trame narrative obéissant à une structure donnée et qui constitue le thème de ce présent article, mais également sur son contexte d'émission et le discours qui le véhicule. Dans l'objectif de collecter notre corpus, nous nous sommes rapprochés de l'environnement physique, origine de cette pratique sociale, à savoir, les mausolées de la région de Mascara[3] (Algérie) comme lieu de la pratique discursive abordant les dons probatoires posthumes des saints et des gardiens de mausolées *(muqadmîn*[4]) en tant que locuteurs, animés par une visée illocutoire bien précise, censés s'effacer sur le plan énonciatif puisque le discours est centré sur un référent absent : le Saint. En outre, le *muqadam* est confronté à une

---

[3] Sept mausolées représentant les sept points nodaux des *Rijâl Ghris* (les hommes de la région de Ghris), les plus visités, ont été parcourus : *sîdî qâda, sîdî 'abd-rḥîm, sîdî ṣâfî, sîdî 'lî ban 'ûmar, sîdî bûrâs, sîdî daḥû* et *sîdî ḥmad ban'lî.*

[4] Âgés entre 45 et 70 ans, les sept *muqadmîn* interrogés ont pour mission de veiller à la propreté et à la sécurité des lieux et à accueillir les visiteurs. Ils étaient également « les délégués des chefs de confrérie, les gardiens des sanctuaires, les responsables de groupes d'affiliés à une confrérie ou de groupes d'adeptes d'un saints » (Andezian, 1995 : 102). « Traditionnellement, les tombes de saints sont desservies par leurs descendants. Les saints soufis ont eux aussi leurs généalogies, quoique d'une autre nature puisqu'elles sont spirituelles qui les accrochent tous au prophète » (Chambert-loir & Guillot, 1995 : 07).

coexistence de deux données qui s'opposent : l'aspect réel de la vie d'une personne ayant marqué son époque, et l'aspect fabuleux associé à ses actes. Il s'agit donc de voir comment le locuteur, dans ce cas de figure, peut mettre en place une marge de distanciation en narrant la vie de l'autre ? Et comment cette position de distanciation est-elle maintenue ? Il s'agit principalement de penser la polysémie du phénomène discursif provoquée par l'unicité de son contexte d'émission. Le discours sur la sainteté qui implique un recours incontestable au récit « hagiographique » représenterait la voix d'une communauté exprimant ses codes de croyances.

Construction « objective » de la diégèse

Nous rappelons que le récit « hagiographique » a pour objectif de raconter la vie du Saint en se basant sur deux paramètres fondateurs : chronologique et biographique, en partant de sa naissance jusqu'à son décès, afin de se concentrer sur une partie de sa vie où les signes de sa sainteté sont manifestés. Cette continuité de « l'histoire », dans le cas de notre corpus, est entretenue par le gardien du mausolée qui se donne pour tâche de témoigner en rapportant les récits « des aïeuls » sur le Saint. En effet, c'est à travers « l'ensemble du matériel fictif (personnage, lieux, circonstances[5]...) » que les *muqadmîn*-narrateurs vont tenter de présenter l'univers de l'histoire en plaçant une marge de distanciation par rapport aux faits relatés, et ce, en introduisant le récit « hagiographique » à l'intérieur d'un discours rapporté, centré sur un système de référenciation renvoyant au Saint.

La référenciation

Dans la construction de la diégèse, « un narrateur qui ne s'implique pas dans la diégèse, est extradiégétique. Mais quand sa narration est détachée de la fiction, on dit qu'il fait un récit hétérodiégétique » (Tisset, 2000 : 21), le choix du récit à la troisième personne - on parle de choix du récit à la troisième personne et énonciation historique dans les « mises en narration » (Rabatel, 2008 : 579) - se

[5] http://penserlanarrativite.net/documentation/bilan-des-notions/diegese. [En ligne], consulté le 14.05.2016

concrétise dans un appareil anaphorique reprenant les référents suivants :

- *huwa :* pronom isolé (il) ;
- pronoms affixés : *Kân fî waqt l-bây, hadâk l-bây, sîdî ṣâfî ḫaṭbah fî bantah*[6] ;
- le démonstratif *hadâ* (ce) renvoyant au Saint-mausolée.

Dans l'*omnisignifiance* (Paveau, 2006 : 167) le nom du Saint prend le sens du lieu de sa réincarnation, à savoir le mausolée. C'est ainsi que le narrateur adopte un rôle extradiégétique où il laisse entendre qu'il ne fait que rapporter ce qui lui a été transmis en employant un appareil de référenciation qui n'implique pas sa personne dans la trame narrative.

Marques de l'authenticité du récit

L'authenticité du récit apparaît dans un (dé)marquage spatio-temporel en citant des lieux réels ou en ayant recours à des indicateurs de lieu et de temps pouvant être en localisation absolue ou fondée par un contexte. Le narrateur renvoie à des lieux et à des moments connus par les deux partenaires de l'acte de communication, en dehors de son énonciation. Les repères sont objectifs et extratextuels : l'espace est délimité par le déictique renvoyant à la situation d'énonciation *hnâ* (ici) et le démonstratif *hâḏa* (ce).

Ces modalisateurs permettent d'entretenir le lien entre l'espace authentique et tangible, où sont émis les récits, et l'espace fictif de ces derniers : le récit est bien réel, lieux authentiques existant en Algérie. Les locuteurs apportent des précisions sur l'espace des scènes des récits en employant des indicateurs d'orientation comme *manjîhat* (du côté de), *kîtakhorjî* (quand tu sortiras), *fîhâde-l-qant* (dans ce coin).

Repérage objectif du temps

Le cadre temporel dans la diégèse permet « d'assurer la vraisemblance de l'histoire en construisant les repères de l'univers imaginé » (Tisset, 2000 : 22). La vie du Saint, attestée par cette

[6] Il était à l'époque du Bey, ce Bey, sidi Safi a demandé la main de sa fille.

communauté comme étant vraie, place ce repérage temporel dans un cadre historique régi par des actions passées, réellement réalisées, et ce, par le biais d'indicateurs temporels, pour la plupart, mi-objectifs.

Repérage vraisemblable	Repérage mi-objectif	Repérage objectif
Kân bakrî (jadis). *Mîn ĝâ l-ḫrîf* (quand l'automne est arrivé). *Waḥd l-'arḍmîn y-kûn 'andnâṣayf, y-kûn 'andhum rbî'* (une terre, au moment où nous avons l'été, ils ont le printemps).	*Lâ hnâhnâ* (récemment). *Fa-l-waqt tâ' l-'irhâb.* (Au temps/durant la période du terrorisme). *Lal-'ân waldah fî tasâla* (jusqu'à maintenant, son fils est à Tassala). *Yâ rabî s'altak balî nṣartah mâ- bîn l-'aṣr wal-maġrab.* (O *Allah*, je vous demande au nom de celui que Vous avez désigné comme victorieux entre *al asr* et le crépuscule). *Fa-ṣuġr ta'ah qrâ hnâ* (dans son enfance, il a étudié ici).	*Sîdî daḥû râh fî ḫams qrûn* (sidi Dahou existe depuis cinq siècles). *Fal 'alf w-sat-miya w-rab'a w- rab'în* (en 1644). *'Andhâ waḥd l'âmîn* (cela fait deux ans).

Figure 1 : Repérage du temps dans le récit (Tisset, 2000 : 23)

Dans le monde fictif, la distanciation du narrateur est matérialisée, entre autres, dans l'ensemble des repérages spatio-temporels en constituant des entités sémantiques permettant de construire un récit qui se focalise sur les prodiges des saints. Dans les énoncés suivants, en ayant recours à l'idée d'intemporalité, « le narrateur peut nous porter à croire que les personnages ont vécu dans une temporalité qui aurait pu correspondre à celle du lecteur et du narrateur en calquant l'univers du récit sur « l'univers réel » (Vuillaume 1990 : 89-90).

- *mîn Ruwaḥ* (quand il est parti)
- *lamâ ġḏab* (quand il s'est mis en colère)
- *nhâr lî bġâ ysarḥ ah* (le jour où il a décidé de le libérer)
- *kân waḥd l-waqt* (Il fut un temps)
- *lbiya fî haḏâk l-waqt* (la lionne à cette époque)
- *w –fî mara gâlalhum* (et une fois il leur a dit)
- *w-ḏâk l-yûm 'arfûh balî ṣâlaḥ* (et ce jour-là, ils ont su qu'il était saint).

Analepses et prolepses

Cette spéculation sur le temps introduite par la narration démontre une distanciation du *muqadam*-narrateur par rapport aux faits narrés.

> *« Li'ana kân maṭlûb man hâḏ nâs tâ' maydân taṣawuf yakatmû sar, li'an 'aṣlhâ ĝâya man 'and waḥd ṣaḥâbi (raḏiya-lâhu 'anh) kân yḥab l-ḥasaniyîn ».*[7]

L'analepse (ou retour en arrière), dans cet énoncé, est introduite par l'articulateur logique *li'ana* (parce que) proposant une argumentation ayant pour objectif de soutenir le récit raconté sur le saint par un autre. En effet, la narration du récit sur le Saint est interrompue afin d'effectuer un retour en arrière remontant à la pratique des principes du soufisme par les aïeuls, permettant ainsi d'expliciter la scène où le Saint a révélé son prodige suite à une colère provoquée par les habitants de la ville. Dans l'énoncé suivant,

[7] Parce qu'il était demandé à ces gens du domaine du soufisme de garder le secret, car son origine vient d'un compagnon du prophète (qu'Allah l'agrée), il aimait les *hassaniyyine* (les enfants de Fatima, la fille du prophète et de Ali, l'un des califes).

le narrateur construit un récit antérieur afin d'expliciter l'information avancée dans le *hadith.*[8] Un procédé explicatif qui place la narration dans une visée informative en premier lieu.

> *« kân 'insân râgad gudâm l-ĝâma', râgad ba-nûm, w-'isân yṣalî fa-l-ĝâma'. 'aṣâyam hadâk lî kân râgad gudâm l-ĝâma', 'afṭan, stayqaḍ ṣâb šayṭân gâ'ad gudâmah, ṣûfiya yšûfû šayṭân, gâlah : 'anâ, mâĝîtakš, 'anâ kunt râyaḥ 'and hadâk nḫaṣarlah ṣalât wanta ḥabastnî b-ṣiyâmak. walî hâda gâl-nabiy (ṣalâlâhu 'alayhi wasalam): 'aṣawmu ĝuna »*[9].

Dans l'exemple suivant, la prolepse permet de comparer un temps achevé où la pratique de l'invocation en groupe était fréquente et un temps présent exprimant la continuité de celle- ci grâce à *ṣḥâb-l-ḫîr* (les personnes qui font le bien autour d'eux).

> *« Kânû bakrî ydîrû l-ḥalqât, lyûm, l-ḍarwak râhum ydîru l-ḥalqâtta' sidî ban 'amâr w-lâḫur, Kânû ydîrûhâ ṣḥâbl-ḫîr »*[10].

Le présent gnomique

Le présent gnomique (ou omnitemporel) est employé par le *muqadam*-narrateur lorsqu'il incarne le rôle du rapporteur et celui du transmetteur d'une mémoire collective. Une mémoire qui véhicule les pratiques et les croyances de sa propre communauté sous forme de vérités morales ou d'expériences vécues par le *muqadam* lui-même ou par un membre de sa communauté. Cette forme verbale

---

[8] Paroles rapportées du prophète Mohamed.

[9] Notre traduction : « Un homme dormait devant la mosquée, il dormait et rêvait, et un autre se trouvait à l'intérieur de la mosquée. Celui qui faisait le jeûne, s'est réveillé et a trouvé Satan à ses côtés, les soufis voient Satan, il lui a dit : « je ne suis pas venu pour toi, je suis venu pour gâcher la prière de celui qui est à l'intérieur, et toi, tu m'as arrêté avec ton jeûne ». C'est pour cela que le prophète avait dit (que le salut et la paix soient sur lui) : le jeûne est une commission (une gratification) ».

[10] Notre traduction : « On organisait avant des cercles d'invocation. Aujourd'hui, jusqu'à maintenant les cercles d'invocation de sidi Ban Amar, l'autre et l'autre, sont organisés par les gens du bien ».

apparaît également dans la poésie gnomique avancée par le locuteur sous forme de sagesse populaire transmettant les normes qui orientent les conduites mais qui informent également sur les croyances et la culture de la communauté à laquelle appartient le locuteur. Par ailleurs, l'emploi du passé et du présent dans le même énoncé apparaît dans le discours rapporté, plus précisément, dans l'emploi des verbes introducteurs à la tournure impersonnelle :

- *ygûlû/ yaḥkû* (on dit/on raconte)
- *ygûlû* (on dit) + *ḫraĝ* (est apparu)
- *ygûlû* (on dit)+ *kân* (il était) + adjectif
- *yaḥkû*+ *kân* (il était) + indicateur de lieu.

Pour apporter une véracité aux récits et rester distant par rapport à ce qu'ils avancent, les narrateurs placent un enchaînement d'actions et d'informations dans un discours rapporté. Nous rappelons qu' « un temps unique n'est pas suffisant pour garantir l'unité de l'action » (Tisset, 2000 : 25), de fait, l'emploi du passé et du présent permet la construction de l'unité de l'action en l'inscrivant, selon les circonstances proposées par la narration, dans le passé, le présent ou dans une continuité temporelle.

Des personnages réels

Tous les récits du corpus portent le nom propre du Saint qu'ils présentent. Des noms arabes comportant, pour certain une connotation religieuse propre à l'Islam : *Abdel qâdar* qui signifie : le serviteur du tout puissant *(Allah*). En arabe, qâdar est l'un des attributs d'*Allah* qui veut dire « le tout puissant ». *Qâda* est le pluriel de *qâ'id* (chef, leader). *Sâfî* signifie « le pur », l'onomastique ici renvoie au prodige du Saint qui « a purifié » le puits en faisant éteindre les flammes.

Rôle socio-religieux

L'emploi des invocatifs *wâlî* et *sâlih* pour désigner le Saint connote un rôle s'inscrivant dans le monde matériel et céleste. *Qâdî* (juge), *'âlam* (savant), *tâla*b (étudiant), *gandûz* / *murîd* (disciple). Autant de substituts lexicaux décrivant le statut intellectuel du Saint durant les différentes phases de sa vie. D'une autre part, le rang social de noblesse renvoyant à une lignée qui remonte jusqu'au prophète

Muhamad : avec le qualifiant *chrif* (noble) est avancé explicitement ou implicitement en citant une partie de sa généalogie comme le fait le *muqadam* de sidi Ahmad Ban Ali et celui de sidi Ban Oumar.

Décrire pour s'effacer

La description est produite par le narrateur comme un procédé se référant aux caractéristiques de l'objet décrit sans émettre de jugements de valeur, d'évaluations ou de points de vue. Cette mise en description se matérialise sous trois formes. Ce sont :

- la topographie : le narrateur décrit l'état du lieu présent (mausolée) dans un passé lointain (était une *zâwya)* comme un lieu de savoir et de spiritualité
- la chronographie : la description du temps y est évoquée à l'aide d'un système de modalisation pour la plupart du temps, portant « un exotisme d'un monde disparu soumis à la curiosité ou à la mémoire » (Gothot-Mersch, Célis, 1984 : 175) générant dans une genèse du temps un monde mystérieux mais relié au présent, un monde fabuleux mais attaché à la réalité :
- la prosopographie : émettre des informations authentiques au sujet des saints ; sa généalogie, son parcours intellectuel, son parcours de sainteté, etc.

Construction subjective de la diégèse

En partant du principe que tout discours est foncièrement subjectif (Maingueneau, 2002), dialogique et polémique, nous avons constaté que la mise en récit du parcours de la sainteté ne constitue pas une fin en soi pour l'énonciateur mais elle véhicule une intention bien précise. En effet, le récit est utilisé comme moyen justifiant l'existence du mausolée et la fonction du *muqadam,* en ses qualités de guérisseur et de thaumaturge.

Le récit-argument

Selon Reuter (2002), le narrateur contrôle l'information. « Il procède par choix. Il peut ne pas tout dire ou trop en dire selon la position qu'il adopte par rapport à sa narration » (*Ibid.* : 73). Pour l'auteur, le savoir dans le récit autodiégétique est inspiré par la connaissance et la conscience du narrateur (verbes subjectifs, expressions indéfinies, rétention de l'information pour garder le suspens). Ce récit autodiégétique est véhiculé implicitement à travers un récit « hagiographique » renvoyant l'auditeur au contexte impliquant la présence « réelle » du *muqadam* et l'absence du saint.

> « Les contextes, dans leurs multitudes, seraient porteurs de caractéristiques focalisant le sujet sur un rapport au monde particulier. Cet ancrage dans « la réalité à affirmer », « des mondes à comparer » ou « un univers à élaborer », se traduirait par différentes postures langagières dans l'actualisation de programmes cognitivo-discursifs (Ghiglione 1988 ; Ghiglione, Kerkenbosch, Landré, 1995). Ces « mises en discours » de fonctionnements mentaux particuliers conduiraient le locuteur à raconter la réalité, à argumenter pour défendre son monde ou à postuler l'existence d'un univers idéal et absolu » (Boulingui, Castel, 2001 : 42).

Il est à souligner que dans la transmission des croyances propres à cette communauté, le sacré y est véhiculé comme son socle. Autrement dit, la tradition pratiquée (le culte des saints) et justifiée par le récit « hagiographique », tient, pour l'énonciateur, sa sacralité dans son ancrage dans la tradition musulmane (*soufie*). Une sorte de justification du mausolée comme lieu-saint par l'action de l'invocation religieuse dissimulant une magnification de soi.

> « Le sacré appartient comme une propriété stable ou éphémère à certaines choses (les instruments du culte), à certains êtres (le roi, le prêtre), à certains espaces (le temple, l'église, le haut lieu), à certains temps (le dimanche, le jour de Pâques, de Noël, etc.). Il n'est rien qui ne puisse en devenir le siège et revêtir ainsi aux yeux de l'individu ou de la collectivité un prestige sans égal. Il n'est rien non plus qui ne puisse s'en trouver dépossédé […] C'est du sacré, en effet, que le croyant attend tout secours et toute réussite. Le

> respect qu'il lui témoigne est fait à la fois de terreur et de confiance. Les calamités qui le menacent, dont il est victime, les prospérités qu'il souhaite ou qui lui échoient sont rapportées par lui à quelque principe qu'il s'efforce de fléchir ou de contraindre. Peu importe la façon dont il imagine cette origine suprême de la grâce ou des épreuves : dieu universel et omnipotent des religions monothéistes, divinités protectrices des cités, âmes des morts, force diffuse et indéterminée qui donne à chaque objet son excellence dans sa fonction » (Caillois, 1963 : 18 -19).

C'est pourquoi, les paroles du prophète, à titre d'exemple, sont représentées comme « la sagesse parfaite », « l'instance d'autorité » et une argumentation à suivre plaçant les dires rapportés dans une surénonciation (Rabatel, 2012 : 43). La structure argumentative sous-entendue imbriquée dans la narration permet la formulation de nouveaux arguments qui invitent le co-énonciateur à adhérer aux propos avancés : l'argumentation dans le récit est énoncée par des signes d'intensification comme :

> « il a étudié pendant dix ans » ; marquant le parcours intellectuel du Saint dans une durée justifiant son statut de savant en jurisprudence. L'argumentation présentée à l'intérieur du récit sert au narrateur comme une réponse développée sur le plan discursif : « le Saint a des *karamât-s* ».

Le récit utilisé comme argument justifiant non seulement les prodiges du Saint mais également son statut social de réformateur et fondateur de certaines normes sociales propres à la communauté citée : *Hcham Chraga* et *Hcham Al-Ghraba.* Les récits relatant des actions produites par des figures musulmanes ayant marqué l'histoire de la religion islamique (prophète, *sayadna Omar, sayadna Moussa* et *el Khidhr…*) laissent entendre que leurs actes sont une preuve justifiant les nôtres. La jonction entre l'instance qui rapporte et le contenu rapporté, construit par voie de conséquence un argument d'autorité inéluctable pour soutenir la thèse énoncée de manière implicite. Le choix d'un argument qui relate une conduite de l'un des compagnons du prophète (*'Umar*), par exemple, vient consolider l'argument ayant pour visée de persuader l'autre, si nous tenons compte de la valeur (religieuse) des deux personnalités évoquées chez les partenaires de l'acte de communication, tous deux musulmans. Le fait de proposer un récit coranique tronqué vise également à soutenir la thèse présentée sous forme d'un syllogisme :

- certaines personnes n'acceptent pas la science des soufis ;
- même le prophète Moussa n'a pas accepté au début la science occulte de Al- Khadhir tout en sachant qu'il a été envoyé par Dieu ;
- le soufisme est une science envoyée par Dieu, donc il faut l'accepter et y croire.

Une autre marque de la présence et la prise de position du narrateur réside dans le fait de résumer tout un ensemble d'actions en une proposition, comme le fait le *muqadam* de *sidi Bourâs*, où il passe sous silence toute une partie de l'histoire. Dans le discours sur le Saint *sidi Sâfî*, un seul récit est rapporté par l'énonciateur pour soutenir sa thèse : le Saint a démontré sa sainteté en réalisant un prodige : sortir indemne du feu. Ce récit repose sur une intertextualité qui raconte les mêmes faits qu'a subi le prophète Ibrahîm rapportés par le verset (*As-Saafât*, 97) : « Ils dirent : "qu'on lui construise un four et qu'on le lance dans la fournaise !"»[11]. Nous avons pu constater que dans les récits analysés qui reposent, pour la plupart d'entre eux, sur un enchâssement des séquences narratives, une narration-argument ou *paradeigma* (Danblon, 2005 : 43), vient se mettre en place afin de véhiculer implicitement le point de vue de l'énonciateur. Cette structure complexe découle d'une « double organisation narrative » (Tisset, 2000 : 45) : celle de la narration et celle de la diégèse.

Les raisons de l'apparition du narrateur et la mise en évidence de son point de vue, selon Tisset, reviennent à la présence d'une instance réceptrice à laquelle il s'adresse. En d'autres termes, la narration est organisée en tenant compte des attentes, du statut, de la culture et des croyances du co-énonciateur. La progression thématique dans chacun des discours sur les saints est structurée de manière à mettre en avant les dons probatoires de ces personnes

[11] Le Saint Coran, trad. de l'arabe du sens des versets par Mohammed, revue et corrigée par le complexe du roi Fahd, p. 324.

disparues il y a des siècles où le récit n'y apparaît que comme moyen permettant d'atteindre cet objectif. C'est ainsi, que l'argumentation intégrée dans la narration comme une séquence véhiculée implicitement à l'intérieur d'une macrostructure narrative transmet la mémoire d'une communauté qui se raconte. Il est question également d'une mise en avant d'une succession généalogique ininterrompue, à travers un récit exemplaire, aboutissant au mausolée comme espace spirituel authentique où le *muqadam* exerce ses tâches de gardien et de guérisseur.

Conclusion

Dans cet article, il était question de voir comment les croyances sont sous-entendues par une articulation de formations narratives diverses marquées par une configuration historique et travaillée par les jeux discursifs du moment. À travers l'inscription implicite du *muqadam* - un guérisseur qui instrumentalise le religieux pour se dire - on n'est plus dans le récit mais dans le discours pris en charge par une conscience unique, énonçant un discours unique dans un contexte unique. En effet, le présent travail tend à démontrer l'interrelation entre le discours et la culture qu'il véhicule de même que la contribution de la mémoire individuelle dans la construction de la mémoire collective pour s'inscrire, ainsi, dans le domaine des sciences humaines et sociales, et ce, en mettant en évidence l'un des aspects du mode de fonctionnement d'un groupe social s'exprimant sur son univers de croyances.

Bibliographie

Bouchama, K. (2000). *Algérie, Terre de foi et de culture.* Alger, Éd. El Maarifa.

Roger, C. (1950). *L'Homme et le sacré.* Paris, Éditions Gallimard.

Chambert-Loir, H., Guillot, C. (1995). *Le culte des saints dans le monde musulman.* Paris, éd. Ecole française d'Extrême-Orient.

Caillois, R. (1963). *L'homme et le sacré.* Paris, Éd. Gallimard.

Danblon, E. (2005). *La fonction persuasive- anthropologie du discours rhétorique : origines et actualité.* Paris, Éd. A. Colin.

Daumas, E. (2006). *Mœurs et coutumes de l'Algérie.* Alger, Éd. ANEP.

Dermenghem, E. (1981). *Vie des saints musulmans.* Paris, Sindbad.

Gothot-Mersch, C., Célis, R. (1984). *Narration et interprétation.* Bruxelles, Facultés universitaires Saint-Louis.

Maingueneau, D. (2002). L'ethos, de la rhétorique à l'analyse du discours. Pratiques, *113-114.* http://dominique.maingueneau.pagesperso-orange.fr/pdf/Ethos.pdf

Mokrani, M. (1996). *La mystique musulmane.* Dans *Encyclopédie des mystiques*, (tome 2).M-M. Davy.

Rabatel, A. (2008). *Homo narrans. Pour une analyse énonciative et interactionnelle du récit* (tome 2). Limoges, Lambert-Lucas.

Rabatel, A. (2012). Ironie et sur-énonciation. https://halshs.archives- ouvertes.fr/halshs-00796305

Reuter, Y. (2009). *L'analyse du récit.* Paris, A, Colin.

Tisset, C. (2000). *Analyse linguistique de la narration.* Éd. SEDES.

Touati, H. (1994). *Entre Dieu, les hommes, lettrés, saints et sorciers au Maghreb (17ème siècle)*. Paris, Ecole des Hautes Etudes en Sciences Sociales.

Vuillaume, M. (1990). *Grammaire temporelle des récits.* Paris, Éd. de Minuit. http://penserlanarrativite.net/documentation/bilan-des-notions/diegese.

Le récit de vie au plateau : une histoire en strates. L'exemple chorégraphique

Marion Fournier

Doctorante en arts

Laboratoire lorrain de sciences sociales (2L2S)

Université de Lorraine

Résumé : Le propos de cet article s'appuie sur un corpus sélectif de six pièces signées de cinq chorégraphes étant ou ayant été danseurs de la troupe du *Tanztheater Wuppertal* dirigée par Pina Bausch de 1973 à 2009, date de sa disparition. Sur le plateau de danse, chacune de ces six pièces présente un récit de vie au cours duquel s'articule une esthétique ouverte sur la question de l'hommage à la défunte chorégraphe allemande. Comment ces mises en récit, les modalités et le dispositif qui les sous-tendent prennent-ils forme ? L'œuvre énonce des enjeux esthétiques autant que mémoriels. Alliant esthétique de la création et de la réception, nous essayerons de tisser des liens entre ces pièces choisies et leurs contextes d'apparition et d'existence.

Mots-clés : danse, *Tanztheater*, mémoire, récit de vie, intime, hommage, Pina Bausch.

Introduction

En juin 2009 disparaissait la chorégraphe Pina Bausch. Elle dirigeait le *Tanztheater Wuppertal* et laissait derrière elle un héritage d'une quarantaine de pièces entre les mains des danseurs. Dans les années 2010, quelques danseurs se mettent à créer leurs propres pièces indépendamment de la compagnie. Une sélection parmi celles-ci présente des similitudes en ce qu'elles proposent une œuvre de danse-théâtre où le chorégraphe interprète son propre rôle seul sur scène.

Depuis son histoire intime, celui-ci englobe dans une histoire collective, celle d'une génération de danseurs, et plus largement une histoire de la danse. Au cours de cette histoire en strates, chaque danseur fait allusion à son passage dans la compagnie emblématique, évoquant la disparition de la chorégraphe en convoquant la présence. Les danseurs ont en effet perdu une figure matrice. Au lendemain d'une période de deuil, un récit se déploie à l'intérieur de ses créations. Ces danseuses et danseurs s'écrivent un solo et articulent un propos autobiographique qui s'appuie particulièrement sur des faits tirés de leurs expériences dans le milieu professionnel de la danse. Six pièces signées de cinq chorégraphes différents se font l'illustration de cette mise en récit de vie au plateau.

En 2013, Daphnis Kokkinos montre *Addio addio amore… una obra para Pina* et Raphaëlle Delaunay présente *Debout !* La danseuse Thusnelda Mercy crée en 2015 *Sharing a Power Socket.* Cristiana Morganti chorégraphie *Jessica and me* et Clémentine Deluy *De temps en temps sinon jamais*, mais aussi *Mon Théâtre* en 2016. Temporellement situés dans la première moitié des années 2010 et géographiquement situés en Europe de l'Ouest et du Sud[1], ces six exemples vont parsemer l'étude. Dans leur singularité, ils permettent de saisir des contextes de création et de réception du spectacle chorégraphique ainsi que des enjeux propres à l'époque dans laquelle ils sont pris. Ce corpus s'ouvre sur les représentations des pièces et les traces auxquelles elles ont donné lieu. Il s'agit en

[1] Ces pièces ont été montées plus exactement dans quatre pays qui sont la France, l'Allemagne, l'Italie et la Grèce.

l'occurrence d'archives vidéo et iconographiques, de la réception critique et d'entretiens réalisés auprès des artistes, suivant une grille prise en histoire (Descamps, 2001). Sous le signe de trois gestes méthodiques, l'étude thématise, décrit et interprète ces exemples en croisant les sources avec une revue de littérature en esthétique. Cette étude s'attelle à « re-figurer » des pans du jeu chorégraphique – pour tenter de reconstruire une part du spectacle révolu – et en mesurant les liens entretenus entre l'œuvre et ses contextes (Huesca, 2010 : 101). Concevons l'objet de cette recherche sous la forme de trois questions. De quel type de récit de vie s'agit-il et sur quelles modalités se construit-il ? Quels en sont les enjeux esthétiques et mémoriels ? Enfin, comment le récit de vie travaille-t-il la question de l'hommage et inversement, comment cet hommage agit-il sur le récit de vie des danseurs ?

Danser à l'épreuve du souvenir

Debout ! est la pièce chorégraphiée par Raphaëlle Delaunay en 2013. La danseuse se tient seule au centre d'un plateau épuré. Avant même son entrée en scène, sa voix hors champ ouvre les trente minutes de représentation :

> « Alors avant Café Müller, il y a une ambiance quasi religieuse en coulisses. Je me souviens qu'on ne se parle pas. [...] la moindre parole viendrait profaner l'espace. [...] On peut se sentir, mais on ne se parle pas donc forcément ça crée une tension comme ça qui est palpable et je pense qu'on se nourrit de cette tension-là pour se charger »[2].

La danseuse propose en guise d'ouverture un premier souvenir qui la met en scène lorsqu'elle était au sein de la compagnie de Pina Bausch. La pièce qu'elle cite (*Café Müller*, 1978) est en effet l'une des pièces de la chorégraphe ayant le plus circulé. Tout au long de son solo, Raphaëlle Delaunay double le langage métaphorique de la danse d'un appareil verbal incarné par sa voix hors champ pour

[2] https://www.dailymotion.com/video/x5fdq7m. Consulté le 08/02/2019.

livrer au spectateur une narration épisodique tout en analepses. À priori, danser est une action qui prend effet au présent. En tant que langage fait de mots éphémères, la danse prononce des mouvements qui prennent instantanément la fuite, pris dans l'immédiateté d'un instant. En contre-pied de ce temps présent, le projet de cette pièce tient dans le fait de se mouvoir à l'épreuve du souvenir. La voix conte une histoire qui renvoie à un passé personnel, tantôt intime tantôt plus collectif. Les images que produit le plateau de danse – laissant de côté sa tendance mutique – se conçoivent non plus dans une apparition *in medias res*, mais bien comme les fragments d'un récit. C'est l'avènement d'un danseur à la fois narrateur qui se place dans un type textuel qui varie. Ces variations sont par ailleurs au cœur du genre constitué par le *Tanztheater*. Pareille aux autres pièces du corpus retenu, *Debout !* ne s'ouvre pas littéralement avec la formule « il était une fois », mais presque en instituant à sa façon un pacte de lisibilité et un pacte autobiographique (Lejeune, 1975) avec le public. De sa voix hors champ ou en direct du plateau, l'interprète s'adresse au public soit de manière frontale, plongeant son regard dans les rangées de spectateurs, soit indirectement en usant d'un rapport « co-identitaire » en se parlant à soi-même à la deuxième personne du singulier. Il se dédouble en un « moi locuteur » et un « moi auditeur » (Petitjean, 2006 : 105). Au fil de cette adresse s'instaurent ces pactes, qui reposent sur un rapport logique de consécution des événements et sur la constance d'un personnage.

Entre témoignage et interprétation

Cristiana Morganti dans sa pièce *Jessica and me* (2016), met en scène la voix d'une journaliste à travers un appareil radiophonique. Agenouillée au sol, elle se penche vers la machine et écoute attentivement les questions de sa correspondante. Les deux femmes dialoguent à propos du *Tanztheater*. La journaliste se trompe sur le prénom de la danseuse et répète maintes fois *Cristina* au lieu de *Cristiana*. Après l'erreur futile à propos du prénom, la journaliste insinue plusieurs faits que la danseuse s'applique à démentir sur le plateau, précisant que les danseurs de la troupe du *Tanztheater* n'ont jamais vécu tous ensemble dans une grande maison, et que les danseuses non épilées dans les années 1980, n'avaient pas reçu la consigne de Pina Bausch, et cela ne prônait en rien un retour de la femme sauvage[3].

Le comique de répétition triomphe. La mise en scène continue ainsi en donnant l'occasion à la danseuse de rétablir quelques faits (Böhmisch, 2018 : 259). Depuis la singularité de son expérience, la danseuse témoigne sur scène de faits réels. Par le jeu dramaturgique, elle imbrique le réel et le façonnement d'un personnage. D'un même élan, elle fait entrer son discours personnel dans l'histoire d'une compagnie historique de la danse du XXe siècle. De la mémoire individuelle à celle collective et du petit fait historique à l'histoire de la danse, ce que le spectateur découvre sur le plateau est relié à un temps du souvenir, pris dans un passé. C'est une rétrospection liée à l'intimité de la personne seule sur le plateau. Comment donner à voir l'intime au théâtre ? Dans les pas du Théâtre intime de Strinberg au début du XXe qui avait déjà commencé à explorer ces pistes (Treilhou-Balaudé, 2001). Le discours est toujours à la première personne, le ton adopté est celui de la confidence, mis en exergue par « l'oralité » (Hersant, Jolly, 2001 : 84). Maîtrise des interprètes qui manient le parler dans tous ses aspects ; le chuchotement, la respiration, l'intonation, la coloration et le timbre, la diction et l'usage ou non du micro, de la voix *off* permettant une incarnation charnelle du personnage en scène, etc. Il s'agit d'une écriture plateau qui relève du récit personnel, visant à mettre partiellement à jour une intériorité à travers la forme solitaire du monologue. Le témoignage est le mode de représentation et à la fois le mode d'existence de l'œuvre. Le cas n'est ni isolé ni inaugurateur. Déjà en 2008, à Wuppertal, à l'occasion d'un festival organisé par Pina Bausch, le chorégraphe Jérôme Bel était invité à jouer *Véronique Doisneau*, première de ses pièces sérielles dans lesquelles un danseur partage rétrospectivement sa carrière. La danseuse étant à la retraite en 2008, le chorégraphe avait actualisé la pièce en dirigeant un danseur

---

[3] Observations tirées de la représentation *Jessica and me* du 25 septembre 2017 programmé par la Biennale de la danse, au Théâtre de la Croix-Rousse, Lyon.

de la troupe du *Tanztheater*. Le *solo* s'intitulait alors *Lutz Förster*[4] : le prénom et le nom du danseur.

Le personnage incarné

Au cours de la demi-heure de spectacle, l'ancienne danseuse de l'opéra de Paris Raphaëlle Delaunay livre quelques anecdotes personnelles. Elle commence en rappelant un principe d'équilibre en danse opposant structure fondamentale et structure ornementale que sa professeure métaphorisait de la sorte : « le mur et l'étagère » ou « le gigot et la salade »[5]. Simultanément à sa voix hors champ, elle effectue différentes postures qui correspondent à la complémentarité du bas du corps (structure fondamentale) et du haut du corps (structure ornementale).

À travers l'usage de la voix *off*, le récit prend forme et s'introduit avec l'action chorégraphique qui se produit en parallèle au plateau. La danseuse à la fois narratrice et personnage conjugue présence corporelle et vocale. Le corps et la voix s'imbriquent et permettent à la danseuse d'incarner son personnage avec plusieurs types d'énonciations. Du descriptif au narratif, de l'explicatif au conversationnel en passant par la rhétorique ou le poétique, le type d'énonciation varie (Adam, 1999) à mesure que s'établit une relation entre danseur et spectateur fondée sur l'adhésion du public au récit que l'artiste s'apprête à partager. Par endroits, la pièce interrompt ce récit au profit d'un langage corporel plus figuré. Cependant, du début à la fin du spectacle, les prédicats sont constants et la succession des fragments du récit est stable. Dès lors, il est convenu que le personnage incarné par les danseurs suive une logique ininterrompue et que son récit de vie suive un ordre séquentiel grâce auxquels le public se repère. Une qualité interactionnelle s'installe. Dans son adresse au public, le personnage parle souvent à l'imparfait pour partager sa rétrospection. Il évoque ses débuts, sa carrière, des rencontres qu'il a faites, quelques lieux par lesquels il

---

[4]http://www.jeromebel.fr/index.php?p=2&s=12&ctid=1. Consulté le 08/02/2019.

[5] https://www.dailymotion.com/video/x5fdq7m. Consulté le 08/02/2019.

est passé et des pans de son enfance. L'interprète se plie à l'exercice du souvenir. Pendant qu'il danse, il invente une temporalité narrative logique. En quelques secondes, deux dimensions primordiales à l'avènement du récit se présentent sur le plateau : l'interaction et la temporalité. À la condition que l'interprète convoque ses souvenirs, la danse amorce un récit, et non l'un des moindres puisqu'il s'agit de celui de l'interprète lui-même. Il esquisse son propre portrait et devient le personnage du récit qu'il déroule au fil de la représentation. Si la danse a longtemps raconté des récits sur scène à travers des ballets en actes, elle a souvent relégué la personnalité du danseur aux coulisses et aux sphères privées. La scène conférait au danseur, en sa qualité d'interprète, bien d'autres rôles que le sien. Ici, il se raconte et de la sorte, il déjoue les évidences. À rebours, il met en tension rétrospection et progression. Raconte-t-il un passé révolu ? La chronologie du récit, pas toujours linéaire, donne une vue épisodique dans laquelle le spectateur s'oriente avec pourtant peu de moyens. La narration, malgré son caractère discontinu, réussit tout de même à saisir une histoire cohérente et complète.

Le lieu d'une archive vivante

Par le biais de la mise en scène, les danseurs peuplent l'espace d'accessoires métaphoriques d'une tranche de vie et peuvent convoquer au plateau par l'intermédiaire d'un objet d'autres espaces. Se servir au plateau d'objets permet d'évoquer tout un pan d'une vie. Un récit se déroule dans sa dimension spatiale en présentant les endroits parcourus ou visités dans la vie de ces danseurs. Véritable archive vivante, le corps en scène peut aussi se passer de tout accessoire et au contraire évoluer en un terrain épuré. Alors il convoquera par la citation gestuelle des lieux immatériels.

Objet-mémoire : de l'accessoire à la vie

À travers *Sharing a Power Socket* (2015), Thusnelda Mercy propose un *solo* face auquel le spectateur en apprend davantage sur l'apprentissage de la danseuse, sa vie dans la compagnie du *Tanztheater*, son enfance et ses premiers pas sur scène. Elle invoque de nombreux passages de sa vie tout en gardant une logique séquentielle à son récit, si précieuse pour le spectateur destinataire. La danseuse sélectionne et structure des épisodes de sa vie, laissant dans l'ombre certaines parties de son parcours. Pour y parvenir, elle s'entoure d'accessoires. Un exemple suffit. Elle se présente au plateau avec une pile conséquente de cartes postales dans les bras. Elle s'avance jusqu'à la première rangée de spectateurs : « pouvez-vous me tenir ça ? ». Elle laisse l'amas de correspondances au spectateur désigné : « je vous confie ma vie »[6].

Aux côtés de la metteuse en scène Florence Minder, Thusnelda Mercy se prête au jeu des pièces sérielles *Mon Théâtre* proposées par Daria Lippi[7]. Comment évoquer plusieurs décennies en une courte heure ? Dans ce récit de vie, le défi est de tout dire en un rien de temps. Le *tempo* de la narration se doit d'être rapide, la durée des pièces imposée par le protocole de Daria Lippi se veut courte et l'allure est vive. À travers quelques objets, la mémoire agit et une époque se synthétise. Le même constat est observé chez Daphnis Kokkinos. Avec son *Addio amore… una obra para Pina* dès 2013, il use de ce « dispositif autobiographique » (Huesca, 2015 : 92) en prenant robes et bigoudis pour parler de quelques femmes de sa famille. Dans *De temps en temps sinon jamais*, Clémentine Deluy porte une longue robe fine et claire en guise de costume comme celle que portait Pina Bausch dans son *Café Müller* en 1978. Ces accessoires devenus objets-mémoire par le biais du récit de vie convoquent des imaginaires spatio-temporels bien plus larges que celui réel et restreint du plateau. À la façon de la madeleine proustienne qui convoque le temps de l'enfance, l'objet-mémoire irrigue l'imaginaire d'un temps passé. Les correspondances matérialisées par les cartes postales de Thusnelda Mercy renvoient à une « autobiographie ordinaire » (Bary, 2007). Dès lors qu'elles sont disposées sur le tapis de danse, elles prennent une autre forme. Le dispositif spectaculaire leur donne une valeur extraordinaire. Dans

---

[6] Extraits de la représentation *Sharing a Power Socket* du 27 septembre 2017 programmé par l'Arsenal, à l'Église Saint-Pierre-aux-Nonnains, Metz.

[7] Daria Lippi est metteuse en scène et initie au sein de la Fabrique autonome des acteurs à Bataville en Lorraine une série de pièces appelées *Mon Théâtre*, protocole créatif à destination des artistes.

cet enchâssement autobiographique, à défaut de narrer de multiples anecdotes de sa vie, la danseuse substitue son récit de vie, par moments, à des objets qui représentent la mémoire encore appelés, « objets-carrefours » (Heulot, Losco, 2001 : 102). Que se passe-t-il quand le plateau est vidé de tout accessoire ? Dans *Debout !* l'éclairage laisse entrevoir Raphaëlle Delaunay, qui commence par faire des mouvements tirés de *Café Müller*. En tee-shirt, jean et baskets, son regard est baissé, sa main droite se pose sur sa poitrine, glisse et effleure le côté droit de son corps comme une larme qui le longerait et se déposerait sur sa cuisse. Ses deux mains font de subtils mouvements, presque imperceptibles. Sa tête se redresse, sa poitrine aussi, la danseuse se déplace alors que la musique démarre. Quand il n'y a ni objet ni accessoire en scène, seul le corps se fait espace vivant de la mémoire. Surface d'une archive vivante, le corps peut substituer à l'objet-mémoire des citations gestuelles. Via trois à quatre pas puisés au répertoire bauschien, Raphaëlle Delaunay fixe volontairement l'attention de celui qui regarde sur une pièce connue et reconnue, *Café Müller*. Les années et les lieux évoqués par l'objet-mémoire et par le corps plongent la perception dans un cadre spatial plus vaste que celui de l'instant réel présent.

D'itinéraires personnels à une géographie de la danse

« *Sadler's Wells*, London ». « BAM, New York ». « Le Théâtre de la Ville, Paris », « Schauspielhaus Wuppertal » [8], etc. Clémentine Deluy, dans son *solo* *Mon Théâtre* (2016), énumère des lieux où elle a dansé dans le monde. Avec un accent soigné pour chaque lieu suivi de la ville correspondante, elle dresse une liste de salles de spectacle. Seconde après seconde au fil de son interprétation, elle tisse des liens entre récit de vie et histoire des arts, rendant publics des pans intimes de son existence et tirant le fil impressionnant de son parcours de danseuse. Depuis son itinéraire, elle trace une cartographie de la danse en citant des lieux reconnus comme centraux en matière d'arts.

[8] Extraits de la représentation *Mon Théâtre. Techniques de pointe expliquées à mes voisins* du 29 octobre 2016 programmé par la Fabrique autonome des acteurs, Bataville.

Le fait de prononcer le nom des villes ou de montrer des images de voyage plonge la salle dans un imaginaire spatial forgé par ces itinéraires et renforcé par le multilinguisme des interprètes. Les cartes postales évoquées précédemment correspondent à des déplacements et voyages.

Par ce procédé, le jeu chorégraphique amplifie la dimension narrative de son récit en sollicitant l'imaginaire spatial du spectateur en ce qu'elle met au plateau des objets qui ont la « possibilité de penser la représentation de l'espace à travers la narration » (Zapperi, 2014 : 29). L'accent respecté de la langue dans laquelle se disent les mots et le recours à la traduction lorsqu'il s'agit de présenter des parties du texte en plusieurs langues ou bien d'adapter le texte au pays de la réception de la pièce, sont les marques à l'intérieur même des œuvres d'une géographie de la danse. Accents et traductions donnent une texture sonore aux mots. Ils présentent une géographie incarnée et des itinéraires vécus dont les traces sonores sont données à entendre au plateau. Le procédé rappelle que les danseurs sont les acteurs d'une mobilité mondialisée. La danse a tendance à se caractériser comme un art engageant l'espace à l'envi. La mise en récit se heurte parfois à quelques réticences propres à cet art et ses rituels. Aussi, les années d'une vie prennent forme dans les objets disposés dans l'espace. Plutôt disciples de l'espace que du temps, les danseurs se servent des surfaces, du sol et de la place pour raconter leur vie.

De l'hommage à soi

Raphaëlle Delaunay poursuit son récit dansé. À Paris au Théâtre de la Ville, elle aperçoit l'homme politique Jean-Marie Le Pen dans la salle et court en informer la chorégraphe en coulisses. Elle relate la réponse de Pina Bausch : « *Raphaella, I'm stronger than him* »[9].

Elle lie le spectacle chorégraphique à une histoire sociale et politique, tissant d'ailleurs des liens non anodins au fil de son solo sur la question du racisme. La citation des propos tenus par la chorégraphe choisie par Raphaëlle Delaunay ou encore le

[9] Nous traduisons : « Raphaella, je suis plus forte que lui ».

mimétisme caricaturé dont use Cristiana Morganti – nous y venons dans un instant –, convoquent la figure de la chorégraphe en filigrane de leurs solos. Au-delà du rappel d'une filiation artistique forte, c'est aussi sous le signe de la fidélité que ces différents interprètes font le choix de rappeler à travers leurs récits respectifs le passage de la chorégraphe dans leur vie et de faire part de son enseignement. Dans cette perspective, Clémentine Deluy dans *Mon Théâtre* chausse une paire d'escarpins et décompose une marche. Elle se place, se redresse, avance, fixe un point du regard, incline le port de tête, change de direction. Face au public, elle explique et montre par le mouvement une technique chorégraphique caractéristique du *Tanztheater*. Ces interprètes rendent hommage à Pina Bausch en témoignant de leur passage dans la compagnie, en tentant d'exposer ce qu'il reste d'elle en eux. Chaque danseur, en soliste, témoigne d'une fidélité à l'œuvre bauschienne et met à l'honneur des imageries et des techniques marquantes développées par la chorégraphe. En filigrane ou au centre du récit de vie, la rencontre avec la chorégraphe apparaît comme un moment de la vie du danseur particulièrement charnière, qui suit souvent le sacrifice associé à la formation en danse classique. Cette adresse est parfois annoncée explicitement à travers les titres des pièces, découverts par les spectateurs avant même le début de la représentation. Daphnis Kokkinos propose un adieu et une dédicace à Pina Bausch (*una obra para Pina* constitue la seconde partie du titre de son solo). *De temps en temps sinon jamais* de Clémentine Deluy se présente dans les programmes de soirée comme une lettre à la chorégraphe. Le respect, la gratitude ou la reconnaissance sont déchiffrés par la critique à travers ces pièces. Ces solos créés de manière indépendante, mais contemporains les uns des autres, sont reliés dans le sens où ils usent de procédés similaires et amorcent ainsi une esthétique dont l'un des traits communs est l'hommage. Leur témoignage, dans le langage du plateau, est rendu public en se produisant jour après jour dans des théâtres. L'hommage à la chorégraphe se devine dans les salles et constitue l'effet de l'œuvre dans la mesure où la présentation des danseurs et l'agencement de leurs récits de vie respectifs entrent en échos avec une œuvre plus vaste – celle du *Tanztheater* –, rentrée dans un système de référence de l'histoire de la danse. Ce qui se joue de manière commune aux six solos est l'aller-retour entre cet hommage et le récit de vie personnel. Suite à la disparition soudaine d'une figure chère, les danseurs interrogent la possibilité de danser à nouveau, de danser après, de re-danser.

La danse classique : un monument intime

Choisir entre éclaircir sa peau ou foncer les bretelles de son costume telles étaient les options proposées à la jeune Raphaëlle Delaunay lorsqu'elle étudiait à l'Opéra de Paris. La couleur de sa peau plus foncée que celle des tutus posait problème. De la même façon, Cristiana Morganti confie au spectateur que dans le cadre de ses cours de classique à Rome, elle devait aplatir sa poitrine, présumée trop importante par son professeur de danse.

Lorsque Raphaëlle Delaunay raconte cette anecdote personnelle concernant sa couleur de peau et que Cristiana Morganti parle de sa poitrine jugée trop généreuse, elles ne se contentent pas de partager un épisode de leurs vies, mais elles pointent les canons de beauté imposés par le ballet classique, se faisant témoins de tout un milieu. Elles livrent des faits personnels qui concernent l'histoire et l'esthétique de la danse en Europe. Depuis de brèves anecdotes spécifiques au monde des danseurs, l'intime éclaire des phénomènes de société. À l'aide de l'humour, le récit prend le temps de restituer une vérité et fait de telles anecdotes des monuments intimes. Par le récit qui place le danseur et son public dans une interaction, le fait personnel et privé est partagé. Ce dernier est pris dans un cadre spectaculaire le hissant au rang de l'histoire de la danse et des arts, une affaire publique. À partir de petits faits historiques, la parole de la danseuse s'imbrique dans une histoire culturelle de la danse. L'hommage est finalement un moteur du récit, il apparaît également comme le point de dénouement d'une narration en plaçant la chorégraphe dans le rôle d'un personnage héroïque qui serait venu donner une place au danseur passé par les sacrifices qu'il a pu endurer dans le milieu de la danse classique. Si la danseuse Cristiana Morganti dans son solo s'aventure à écrire un langage qui lui est propre, elle rappelle explicitement dans son récit adressé au public d'où elle tire ses influences.

Cristiana Morganti avance vers le public au-devant de la scène et dit, une cigarette à la main : « Je ne sais pas fumer. Je n'ai jamais su fumer. Je n'aime pas fumer ». Elle montre justement comment la chorégraphe le lui a appris – une aptitude incontournable pour les interprètes du *Tanztheater* afin de jouer les pièces du répertoire des années 1970 à 1980. D'abord en allemand, langue originale de la scène telle qu'elle s'est déroulée réellement, elle commence : « *Nimm den Rauch / Bläh die Brust auf / Halten / Langsam rauslassen* ». Elle poursuit dans la langue des spectateurs, toujours en quatre temps : « Prends la fumée », son bras se lève et porte sa main et la cigarette jusqu'à ses lèvres. « Gonfle la poitrine », elle se redresse. « Retiens », elle prend une pose, le visage face au public et le regard droit devant elle. « Laisse sortir lentement », main et cigarette s'éloignent de son visage qui apparaît désormais de profil[10]. Ces quatre courts bouts de phrases en apparence anodins sont accompagnés de quatre mouvements pour fumer et le tout se fait phrase chorégraphique au plateau. Les répétant jusqu'à l'abstraction, la danseuse fait de ces mouvements les siens.

Dans *Debout !*, les quelques mouvements subtils pris à *Café Müller* se transforment peu à peu. La danseuse Raphaëlle Delaunay les amplifie et en altère le rythme. Elle revisite sa mémoire corporelle à coups de *house dance*, son actualité chorégraphique. De manière un peu détournée, Cristiana Morganti fait de même. Elle cite gestuellement. À l'avant-scène, elle fait trois mouvements à travers lesquels la salle reconnaît la chorégraphe disparue et dit : « après vingt ans de [*elle fait les trois mouvements*], vous voulez encore que je danse ? ». Les deux mains au niveau de la tête, elle feint de se faire une raie au milieu du crâne, ensuite elle joint l'index et le majeur et les ramène à la bouche, faisant mine de fumer et enfin elle prend une pose tirée du *Sacre* repris par Pina Bausch en 1975. La fonction de cette citation vise un hommage par l'envers. Plus que de convoquer la présence de la chorégraphe ou son passage dans la compagnie, la danseuse cherche à explorer son propre univers. Elle

10 https://www.numeridanse.tv/videotheque-danse/jessica-and-me. Consulté le 08/02/2019.

évoque son héritage chorégraphique pour mieux le mettre à distance.

Le récit de vie au plateau trouve dans ces cas un climax dans l'avènement d'un danseur émancipé du *Tanztheater*. À jamais affilié à l'histoire d'une compagnie qui a changé l'histoire de la danse et des arts, il esquisse son langage singulier à travers une pièce dans laquelle il se consacre à cette singularité qu'il travaille depuis son souvenir. En sondant les traces laissées par son passage au *Tanztheater*, il s'applique à les actualiser au cours de son spectacle. À partir du répertoire ou au-delà de celui-ci, il déploie sa propre danse.

Conclusion

La danse articule une mise en récit des danseurs doublement incarnés sur le plateau parce qu'ils jouent leur propre rôle. En personnages spectraux, ils doivent se saisir eux-mêmes. Par différents procédés, ils incarnent leur présent et leur passé sur scène en dansant à l'épreuve du souvenir et convoquent d'autres présences que la leur, notamment celle de Pina Bausch. Ils donnent à la danse un appareil narratif ouvert sur une succession logique d'événements. Devenues monuments intimes, ces mises en récit de vie au plateau usent de citations gestuelles et d'objets-mémoire, et placent leur propos dans une histoire en strates. Les procédés auxquels ils ont recours proposent une esthétique ouverte sur la question de l'hommage et son processus mémoriel qui implique la reprise, la traversée et la convocation d'un temps passé. L'artiste se fait témoin d'un milieu, d'une époque, de rituels et de goûts. À force de retracer son expérience singulière, il avance au fil de son récit, qui est une progression spatio-temporelle logique, vers un geste émancipé. Art de l'espace, la danse se voit investie du récit de vie et l'œuvre raconte une histoire personnelle, celle du danseur, pour l'englober dans une histoire plus vaste, celle d'une compagnie, puis celle de la danse et des arts.

Bibliographie

Adam, J-M. (1984). *Le récit* (6e éd.). Paris, Presses universitaires de France.

Bary, C. (2007). L'écriture de soi et les autres. *Acta fabula*, *8*(5). http://www.fabula.org/acta/document3563.php

Böhmisch, S. (2018). *Littérature, arts et genre aux XXe et XXIe siècles dans les pays de langue allemande, Histoires de corps, histoires de genre : le « Tanztheater » de Pina Bausch (vol. I).* Habilitation à diriger des recherches, université Paris-Sorbonne, Paris IV.

Descamps, F. (2001). *L'historien, l'archiviste et le magnétophone. De la constitution de la source orale à son exploitation.* Comité pour l'histoire économique et financière, ministère de l'Économie, des finances et de l'industrie, Paris.

Hersant, C., Jolly, G. (2001). Oralité. Dans J-P. Sarrazac (dir.), *Poétique du drame moderne et contemporain. Lexique d'une recherche*, (83-85). Études théâtrales.

Heulot, F. Losco, M. (2001). Récit de vie. Dans J-P. Sarrazac (dir.), *Poétique du drame moderne et contemporain. Lexique d'une recherche*, (102). Études théâtrales.

Huesca, R. (2010). *L'écriture du (spectacle) vivant.* Strasbourg, Le Portique.

Huesca, R. (2015). *La danse des orifices. Essai sur la nudité.* Paris, Jean-Michel Place.

Lejeune, P. (1975). *Le pacte autobiographique.* Paris, Éd. Le Seuil.

Petitjean, A. (2006). Monologue adressé et dialogie : L'exemple de La nuit juste avant les forêts de B-M. Koltès. Dans F. Fix, F. Touboire-Surlapierre (dirs.). *Le monologue au théâtre (1950-2000). La parole solitaire*, (105-119). Dijon, Presses universitaires de Dijon.

Treilhou-Balaudé. (2001). Intime. Dans J-P. Sarrazac (dir.), *Poétique du drame moderne et contemporain. Lexique d'une recherche*, (57-58). Études théâtrales.

Zapperi, G. (2014). Narrations cartographiques. Dans K. Quirós, A. Imhoff, (dirs.). *Géoesthétique*, (29-35). Paris, Éd. B42.

D'après une histoire vraie de Delphine de Vigan ou le récit d'une écrivaine tourmentée

Danielle Valla-Kamili-Kwente

Doctorante en langues et littérature française

Centre de recherches sur les médiations (CREM)

Université de Lorraine

Résumé : Au-delà des nouvelles formes de récit, le roman demeure une terre fertile pour l'étude car, nous semble-t-il, il s'inscrit dans une dynamique de brouillage de frontières entre fiction/réalité, autofiction/autobiographie, qui relève d'une écriture postmoderne. Le roman *D'après une histoire vraie* de Delphine de Vigan tente de bousculer les seuils à travers une mise en scène de soi. Dès lors, on se demande : comment l'écrivaine met-elle en œuvre son tourment dans le récit ? Ce travail se propose d'étudier la façon dont cette écrivaine tourmentée parvient à construire son récit à partir des pratiques intertextuelles et des usages complexifiés de la mise en récit de soi dans la narration, à travers le jeu de sa posture d'écrivaine. Nous nous emploierons à étayer cette question à la lumière des approches narratologiques auxquelles nous ajouterons les études sur l'autofiction et l'analyse du discours.

Mots clés : récit, tourmentée, posture, écriture de soi, narratologie.

Introduction

Au-delà des nouvelles formes de récit, le roman demeure une terre fertile pour l'étude du récit, car, nous semble-t-il, s'inscrivant dans une dynamique de brouillage de frontières entre fiction/réalité, autofiction/autobiographie, vrai/faux qui relève d'une écriture postmoderne. Le roman *D'après une histoire vraie* de Delphine de Vigan (2015) qui attire notre attention dans le cadre de ce travail tente de bousculer les seuils à travers la mise en scène de l'auteure. En effet, le roman *D'après une histoire vraie* est le récit de l'aventure de la narratrice Delphine, écrivaine de métier comme l'auteure Delphine de Vigan, tourmentée après le succès de son « dernier roman »[11] relatant la vie de sa mère jusqu'à son suicide. Au cours de cette douloureuse épreuve, elle fait la rencontre d'une jeune dame dénommée « L », avec qui elle se lie d'amitié et qui finit par la prendre en otage. Dès lors, nous nous demandons : comment l'écrivaine met-elle en récit son tourment ? Autrement dit, quels sont les procédés littéraires que convoque l'écrivaine pour dire son tourment dans le roman ? Ce travail se propose, à cet effet, d'étudier la façon dont cette écrivaine tourmentée parvient à construire son récit à travers le jeu de la posture d'écrivaine. Nous nous emploierons à répondre à cette question à la lumière des approches narratologiques auxquelles nous ajouterons les études sur l'autofiction et l'analyse du discours.

Structure hybride de la mise en œuvre du tourment dans le récit

La narratologie étudie les structures internes du récit. Genette (1972) en parlant de la poétique du récit montre que tout texte laisse transparaître les traces de la narration dont l'analyse permet d'établir l'organisation du récit. Genette, dans Figures III, s'intéresse aux notions de mode, d'instance narrative, de temps et de niveau pour

[11] Delphine de Vigan fait allusion ici à son roman intitulé *Rien ne s'oppose à la nuit*, publié à Paris, J.-C. Lattès en 2011. C'est un roman autobiographique qui relate la vie de sa mère depuis sa tendre enfance jusqu'à son suicide. Sa mère était atteinte de bipolarité.

étudier les mécanismes de construction du récit. La narratologie est une approche immanentiste des textes car elle :

> « se veut interne, considérant le texte essentiellement comme un ensemble linguistique clos. Cette clôture est un parti pris méthodologique, nécessaire pour ne pas mélanger les problèmes et pour se centrer sur les procédures de construction et de fonctionnement du sens à l'œuvre dans le texte en faisant abstraction – autant que faire se peut – de ses relations au hors texte. Mais […] aucun texte ne peut faire sens en dehors de ses renvois aux autres textes et aux réalités du monde » (Reuter, 1997 : 95).

Comme le souligne Yves Reuter, la narratologie se limite au texte en le prenant comme un objet clos, et pourtant, les études intertextuelles et contextuelles participent d'une meilleure compréhension de l'œuvre.

Pratiques de l'intertextualité

La notion d'intertextualité est définie par Gérard Genette comme « Une relation de coprésence entre deux ou plusieurs textes, c'est-à-dire eidétiquement et le plus souvent, […] la présence effective d'un texte dans un autre » (Genette, 1982 : 8). Dans le roman, la narratrice commence son propos en faisant mention de son « dernier roman » relatant la vie de sa mère jusqu'à son suicide. Après la sortie de ce roman à succès qui possède des traits biographiques de l'auteure, la narratrice se sent désormais très inquiète, bouleversée face à l'accueil du lectorat : « Quelques mois après la parution de mon dernier roman, j'ai cessé d'écrire » (De Vigan, 2015 : 7). Ce roman précédent semble être le mobile d'écriture de celui-ci.

En outre, *D'après une histoire vraie* est construit en faisant écho au roman Misery de Stephen King. La narratrice en fait plusieurs clins d'œil dans son roman : « il [le personnage principal Paul Sheldon du roman Misery] avait l'impression d'être un personnage dont l'histoire n'était pas racontée comme des événements vrais, mais créée comme dans une fiction » (De Vigan, 2015 : 11). *D'après une histoire vraie* réadapte certaines images développées dans Misery, roman publié en 1987. Dans ce roman, un écrivain, Paul Sheldon, est devenu un auteur de *best-seller* grâce à son roman Misery Chastain qui relate la vie d'une héroïne. Mais Paul décide de la faire mourir pour écrire d'autres histoires. Quelque temps après, Paul a un grave accident de voiture et est sauvé par Annie Wilkes, l'une de ses lectrices et admiratrices. Cette dernière, atteinte de troubles mentaux, n'apprécie pas, à la fin de sa lecture du dernier volume de Misery, le fait que son héroïne préférée meurt. Elle décide alors de faire souffrir l'écrivain (privation de repas et refus de médicament) jusqu'à ce qu'il accepte d'écrire un nouveau volume de Misery, dans lequel il ressuscite l'héroïne. Le roman s'achève par une altercation entre Paul et Annie. Annie meurt et Paul est retrouvé par la Police.

Delphine de Vigan fait allusion à ce roman, sans doute, parce que son roman évoque aussi les rapports entre l'écrivain et le lecteur et entre l'artiste et la création littéraire. Tout comme dans Misery, *D'après une histoire vraie* est le récit de l'aventure d'une écrivaine nommée Delphine. En réalité, Delphine reçoit des lettres anonymes truffées de menaces dans lesquelles les émetteurs estiment qu'elle n'avait pas le droit de se faire de l'argent sur le dos de sa mère. Alors, elle déprime et n'arrive plus ni à écrire, ni à accorder un autographe. Dans cet état de tourmente, elle fait la rencontre d'une jeune dame dénommée « L. », nègre de profession, qui semble être une autre facette de l'écrivaine, avec qui elle se lie d'amitié et qui finit par la prendre en otage. « L. » veut obliger Delphine à poursuivre dans l'écriture autobiographique car elle estime que le « public » (De Vigan, 2015 : 336) s'intéresse davantage à ce genre. Par contre, Delphine souhaite revenir à la fiction, car elle est une passionnée de téléréalité, même s'il est vrai qu'elle comprend très bien ce dont parle « L. ». D'ailleurs, lorsque Delphine se retrouve en compagnie d'un réalisateur avec qui elle avait travaillé des années plus tôt, ce dernier ne manque pas de lui avouer qu'il « cherchait une histoire vraie à adapter. C'était la seule chose qui marchait, il suffisait de voir les affiches, le nombre de celles qui précisaient en caractères presque aussi gros que le titre du film que celui-ci était 'inspiré de faits réels', il suffisait de lire les magazines, de regarder la télévision, et ses hordes de témoins et de cobayes en tout genre, d'écouter la radio, pour comprendre ce que les gens voulaient. – « Le vrai, il n'y a que ça de vrai » (De Vigan, 2015 : 350).

Dans le roman *D'après une histoire vraie*, la narratrice fait également référence à une autre écrivaine qui se retrouvait aussi au Salon du livre pour une interview autour de son roman Nous étions des êtres vivants et qu'elle rencontre plus tard au super U de leur quartier. Ces indices temporels référentiels semblent apporter une illusion du réel dans le roman. Elle explique : « Nous avons discuté quelques minutes devant le rayon des yaourts, Nathalie avait, elle aussi, passé l'après-midi en signature au Salon et répondu à une interview autour de Nous étions des êtres vivants, son dernier livre, elle avait pensé venir me voir sur le stand de mon éditeur mais avait manqué de temps » (De Vigan, 2015 : 29). Ce roman est bien celui écrit par Nathalie Kuperman en 2010. Il expose les pressions psychologiques que subissent les employés lors du rachat de leur entreprise. Seulement sa structure est aussi subdivisée en trois parties, de la même manière que *D'après une histoire vraie.* Pour le premier, « Menace », « Dérèglement » et « Trahison », pour le deuxième, « Dépression », « Séduction » et « Trahison ». Ces deux romans sont donc divisés en trois parties qui correspondent à une étape psychologique des personnages.

De tout ce qui précède, nous pouvons dire que *D'après une histoire vraie* est composée d'un bon nombre de références intertextuelles littéraires qui participent à la structuration et à la compréhension du texte et l'inscrivent indubitablement dans une forme de « récit de la manipulation ».

Récit de la manipulation

Le roman *D'après une histoire vraie* brouille les pistes entre ce qui relève de la vie de la personne réelle qu'est l'auteure et de ce qui relève de la fiction. D'entrée de jeu, à travers le « péritexte »[12] dont notamment le titre composé à la fois des mots « histoire » et « vraie », se dégage une certaine ambiguïté entre le réel et le fictif. Comme disait Umberto Eco à propos du Nom de la Rose : « Un titre doit embrouiller les idées, non les embrigader » (Gasparini, 2004 : 63). Ce titre pourrait s'écrire « Après une histoire vraie » car le roman

---

[12] Genette dans son ouvrage *Seuils* utilise la notion de « péritexte » pour désigner tous les éléments textuels ou iconographiques qui entourent un texte entres autres, le titre, le sous-titre, le nom de l'auteur, l'éditeur, la préface, la dédicace, les titres de chapitres

intervient à la suite du livre sur la mère de l'écrivaine. Christine Bini dira que : « Le titre, *D'après une histoire vraie*, suggère une assise sur le réel, et permet l'intervention de la fiction. C'est d'ailleurs tout l'enjeu du propos » (2015). Sur la jaquette du livre se trouvent trois photos d'identité d'une jeune fille tantôt avec les cheveux noués, tantôt dénoués. L'on se demande s'il s'agit de l'auteure dans sa jeunesse ou pas. Le récit est raconté à la première personne « je » qui est la voix de la narratrice extradiégétique-homodiégétique. Cette narratrice porte le même prénom que l'auteure « Delphine », elle exerce la même profession (écrivaine, qui a d'ailleurs écrit un roman à succès sur la vie de sa mère), elle a la même vie de famille (mère de deux enfants Louise et Paul, compagne d'un journaliste François qui réalise une série documentaire aux Etats-Unis. Soulignons que le compagnon de Delphine de Vigan se nomme François Busnel, présentateur et producteur de l'émission littéraire La Grande Librairie sur France 2 Télévision. Cette émission permet de faire découvrir des écrivains et favorise la vente des livres. François est un prescripteur, qui légitime. Le roman donne l'impression que l'auteure a fait le pacte de « raconter directement sa vie [...] dans un esprit de vérité » (Lejeune, 2005 : 31). Il s'agit là d'une autofiction, car c'est un récit dans lequel « auteur, narrateur et protagoniste partagent la même identité nominale et dont l'intitulé générique indique qu'il s'agit d'un roman » (Lecarme, 1993 : 227). En effet, même s'il est vrai que Delphine de Vigan choisit le mode de l'autofiction pour dire son malaise, il n'en demeure pas moins qu'elle manipule les éléments factuels pour les mettre sous le compte de la fiction. Le patronyme de l'héroïne Delphine n'est pas mentionné dans le texte. Cette identité incomplète permet de laisser une marge de fictionnalité surtout que le récit se donne pour fictif. Bien plus, le nom de son amie est mentionné par une initiale « L. », difficile de savoir s'il s'agit de l'initiale d'un patronyme ou d'un prénom. « L. » n'a pas de famille, d'amis, d'enfants. Cela laisse penser qu'elle est peut-être non pas seulement une construction de l'auteure mais aussi le produit de son imagination ou sa projection narcissique : « Alors soudain m'est venu à l'esprit que tout cela n'était que pure projection de ma part. Un fantasme narcissique. Un délire d'interprétation » (De Vigan, 2015 : 358). « L. » entre dans la vie de Delphine, usurpe son identité sans que personne ne la découvre, tente de l'empoisonner et disparaît sans laisser de trace.

Delphine, en tant qu'instance narrative, assume une fonction testimoniale dans la mesure où elle fait part des sentiments qui l'animent lorsqu'elle évoque sa rencontre avec « L. ». Leur relation a accentué son inquiétude, son tourment au point où Delphine a failli perdre la vie. Elle conclut l'incipit sur cette note : « Aujourd'hui je sais que L. est la seule et unique raison de mon impuissance. Et que les deux années où nous avons été liées ont failli me faire taire à jamais » (De Vigan, 2015 : 9). Aussi, le récit s'organise-t-il par la fonction de régie, qui est pour Genette (1972), les références explicites du narrateur aux articulations internes de son texte notamment les retours en arrière, les ellipses, les sauts en avant, les oppositions. Cette complexité structurelle permet à l'auteure d'exprimer son chagrin. La narratrice Delphine fait des retours en arrière, tantôt des sauts en avant pour situer le lecteur sur le comment de sa rencontre avec « L. ». Elle dit : « J'ai bien conscience que ces précisions peuvent donner l'impression que je digresse vers d'autres histoires, que je m'égare sous prétexte de camper le contexte ou le décor. Mais non. [...] et il me faudra sans doute au fil de ce récit revenir de nouveau en arrière, plus loin encore, pour tenter de saisir l'enjeu réel de cette rencontre » (De Vigan, 2015 : 31).

En somme, la narratrice Delphine, voix autofictionnelle de l'auteure, tente de dire son tourment dans une écriture du mélange qui remet au centre la notion de littérature. D'abord, le lecteur se trouve emballé par les éléments référentiels se confondant avec l'auteure. Ensuite, les pratiques intertextuelles des romans et des auteurs réels consolident cette illusion mimétique, finalement, la présence de cet être « L. » qui survient de nulle part et dont les morceaux choisis de sa vie se trouvent être des bouts de texte tirés des romans de la bibliothèque de Delphine.

Posture adoptée par l'auteure dans le corpus et enjeux de l'écriture de soi

Delphine de Vigan, auteure tourmentée

Choisir d'écrire son récit de telle manière et non pas de telle autre n'est pas anodin. L'auteur le fait en tenant compte de la position qu'il veut occuper dans l'espace des possibles du champ littéraire. Pour Meizoz, « Une posture désigne la présentation de soi de l'écrivain, et met donc l'accent sur la construction d'une figure d'auteur singulière par le biais d'un ethos linguistique et de conduites littéraires publiques » (Meizoz, 2011 : 18). La posture est aussi la « manière singulière d'occuper une "position" dans le champ littéraire » (Meizoz, 2007 : 18). En effet, Delphine de Vigan construit sa posture d'écrivaine dans *D'après une histoire vraie* sous le sceau de l'autofiction par la création d'un personnage biographé, Delphine, à qui elle donne son identité : « Je suis restée debout, la lettre à la main. J'ai éprouvé d'abord une forme de gêne, à l'inspiration, à peine identifiable, et puis une boule a commencé d'enfler dans mon thorax, sensation déjà vécue, incontrôlable » (De Vigan, 2015 : 122).

Delphine de Vigan s'interroge sur la création littéraire ou encore sur ce qu'est la littérature. Pour Gasparini : « En faisant de son héros un écrivain, l'auteur crée un effet de miroir que le lecteur perçoit comme un indice d'implication personnelle dans le récit » (Gasparini, 2004 : 60). Delphine de Vigan met en scène dans le roman deux personnages : Delphine, la narratrice, et « L. », l'autre protagoniste, qui incarnent deux perceptions différentes de la création littéraire. Delphine porte le regard de l'auteure tandis que « L. » défend l'autre point de vue. Pour « L. », doublure imaginaire de l'auteure, la réalité devrait être tout le matériau de l'écriture. D'un côté, l'écrivain n'a pas besoin de fouiller la matière de son écriture, sa vie constitue le matériau du récit, elle dit à Delphine : « Tu n'as pas besoin d'inventer quoi que ce soit. Ta vie, ta personne, ton regard sur le monde doivent être ton seul matériau » (De Vigan, 2015 : 128). D'un autre côté, le public est plus attiré aujourd'hui par le vrai, le vécu et non les histoires inventées. Le lecteur recherche les personnages qui ont une âme, les personnages auxquels il peut s'identifier :

> « Tu dois trouver quelque chose de plus impliquant, de plus personnel, quelque chose qui vient de toi, de ton histoire. Tes personnages doivent avoir un lien avec ta vie. Ils doivent exister en dehors du papier, voilà ce que le lecteur demande, que ça existe, que ça palpite. Pour de vrai, comme disent les enfants. Tu ne peux pas être à ce point dans la construction, dans l'artifice, dans l'imposture. Sinon tes personnages seront comme des mouchoirs en papier, on les jettera après usage dans la première poubelle venue. Et on les oubliera. Car il ne reste rien des personnages de fiction, s'ils n'ont aucun lien avec le réel » (De Vigan, 2015 : 138-139).

Delphine, quant à elle, pense que l'écrivain devrait revenir à la fiction. Elle est une passionnée de téléréalité. Elle préfère les mises en scène sur écran qui ont plus de couleurs, d'images. Ecrire un roman qui tourne autour de la téléréalité est le rêve que caresse Delphine car : « la téléréalité provoquait chez moi une fascination que mes projets littéraires ne suffisaient pas à justifier [...] » (De Vigan, 2015 : 351-352). Pour elle, l'écriture du réel est très complexe et n'apporte pas de répit ; l'écrivain se trouve parfois à vivre une période tourmentée et tumultueuse : « Mais non, je ne voulais pas recommencer. Je voulais revenir à la fiction, je voulais me protéger, je voulais retrouver le plaisir d'inventer, je ne voulais pas passer deux années à peser chaque mot, chaque virgule, à me réveiller en pleine nuit, le cœur battant à tout rompre, après des cauchemars indéchiffrables » (De Vigan, 2015 : 208). Par ses choix posturaux et narratifs, l'on pourrait comprendre que Delphine de Vigan se positionne avec le roman *D'après une histoire vraie* dans le champ littéraire de l'autofiction. Tout comme Stephen King, elle compose son récit sur la trame du rapport de l'écrivain d'abord à son œuvre et ensuite à son public. Son tourment, loin d'être seulement un état psychologique, est aussi une volonté de remettre sur la table le débat autour de la création littéraire à cette époque où le lecteur attend des écrivains : « qu'ils mettent leurs tripes sur la table » (De Vigan, 2015 : 188).

En outre, cette posture se lit aussi à travers les conduites publiques de l'écrivain. Ainsi, Delphine de Vigan, au cours des interviews, adopte des positions qui peuvent consolider ou non ses positions dans son discours littéraire. Au sujet de son roman *D'après une histoire vraie*, elle répond dans un entretien réalisé dans le magazine DIACRITIK[13] le 31 octobre 2017 par Jan le Bris de Kerne :

> « Question : L. parle du piège du réel qui se referme sur Delphine. Delphine, l'héroïne, tout comme vous Delphine de Vigan, a écrit un livre précédent en s'inspirant de sa famille, et depuis elle reçoit des lettres anonymes, le public s'est attaché aux figures familiales du livre, il en redemande. Delphine est devenue aboulique, elle veut à toute force s'arracher à cette contrainte d'écrire le vrai mais n'y parvient pas. Comment s'en sortir ? Comment l'écrivant peut-il vivre avec l'impérieuse nécessité d'écrire, de s'écrire, de s'inspirer du réel et en assumer les conséquences désastreuses dans sa vie ? Est-ce que ça suffit de stipuler « roman » pour se dédouaner ?
>
> Réponse : Mais oui, moi je ne prétends pas raconter le réel. Il y a une espèce d'appétit féroce, les gens veulent absolument que ce soit vrai et c'est complètement absurde. C'est le cas dans toutes les familles, si vous partagez une réunion de famille avec vos frères et sœurs, vos oncles et tantes, et si le lendemain, vous entreprenez de recueillir les impressions, vous vous rendrez compte que vous n'avez pas vécu le même après-midi, le même déjeuner. C'est fascinant. Il faut juste assumer que la vérité qu'on raconte n'est pas la vérité absolue. Quand on pétrit le matériau familial, il faut s'attendre et je pense qu'il s'y attendait, à ce que ça provoque quelques remous. En tout cas pour moi, j'assume et je revendique que mon livre est une forme de fiction. »

De cet entretien, il ressort que Delphine de Vigan tout comme Delphine, la narratrice est pour la fiction. Le livre est une forme de

[13] A https://diacritik.com. Consulté le 03/03/2018.

fiction dans la mesure où le personnage Lucile est un nom inventé (la mère de Delphine s'appelant Priscille). En plus, L. qui semblait au départ être un personnage réel s'avère au fil du roman un être créé de toute pièce, toute son histoire est un ensemble de morceaux qu'elle a tirés dans les livres qui constituent la bibliothèque de Delphine :

> « Quand je me suis couchée, allongée sur le dos, incapable de trouver le sommeil, à l'affût du moindre bruit, j'ai compris : tout ce que L. m'avait raconté de sa vie, chaque anecdote, chaque histoire, chaque détail, venait d'un livre de ma bibliothèque » (De Vigan, 2015 : 469).

C'est cette prise de position que Delphine adopte dans *D'après une histoire vraie* dans le débat avec « L. ». A la question de « L. » de savoir si son dernier roman est juste « une histoire comme une autre », Delphine répond : « Mais il n'y a pas de vérité. La vérité n'existe pas. Mon dernier roman n'était qu'une tentative maladroite et inaboutie de m'approcher de quelque chose d'insaisissable. [...] Mais toute écriture de soi est un roman. Le récit est une illusion. Il n'existe pas. Aucun livre ne devrait être autorisé à porter cette mention » (De Vigan, 2015 :105). Delphine s'inscrit donc dans la littérature authentique car même si l'écrivain s'inspire du réel, de la vérité, il la retravaille pour en faire une œuvre fictive. Elle fait allusion à la phrase de Jules Renard : « Dès qu'une vérité dépasse cinq lignes, c'est du roman » (Ibid., 105).

Delphine de Vigan, par la voix de la narratrice extradiégétique, livre sa position au sein du débat sur la création littéraire dans l'espace des possibles du champ. « L. » va citer un ensemble de scènes qu'elle a lues dans les livres de la bibliothèque de Delphine. Ces livres sont pour la plupart écrits par les contemporains à Delphine, d'ailleurs celle-ci précisera que ce sont des livres qu'elle a aimés puisqu'elle les avait conservés (De Vigan, 2015 : 471). Pour Laura Kreyder :

> « Les écrivains qui ont servi sont David Vann, Véronique Ovaldé, Alicia Erian, Jennifer Johnston, Emmanuèle Bernheim, Gillian Flynn, J. D. Salinger ("Uncle Wiggily in Connecticut"), Xavier Mauméjean

> (L'ami de toujours, 2011), ces trois derniers ne faisant d'ailleurs pas partie des titres cités par L. Quelques noms apparaissent également, au détour de la narration, comme ceux d'écrivains amis (Agnès Desarthe, Lionel Duroy, Nathalie Kuperman, Nathalie Azoulai, Hadrien Laroche). Sept auteurs sont cités deux fois pour un de leurs ouvrages » (Kreyder, 2018 : 35).

Parmi ces écrivains, certains à l'instar de Lionel Duroy ont écrit un livre sur la mère. Duroy, dans son roman L'absente, relate les conditions difficiles de leur enfance dans une fratrie de dix avec une mère hystérique, obsédée par le paraître au détriment de ses enfants. Annie Ernaux, bien que n'étant pas citée par Delphine, a également écrit un livre portant sur sa mère, Une femme, dans lequel elle tente de comprendre cette dernière, atteinte d'Alzheimer au soir de sa mort. Deux auteurs se retrouvant dans la même situation que Delphine de Vigan : qu'écrire après le roman sur la mère ? Que ressent-on après cette mise à nu de sa famille ? Tout comme ses contemporains, Delphine de Vigan évoque la vie de sa mère et au-delà remet au cœur du débat la notion de la création littéraire. Elle s'inscrit donc du même côté que certains de ses devanciers et contemporains, entre autres Stephen King, Lionel Duroy, Annie Ernaux.

Enjeux de cette écriture de soi

De Vigan essaie par cette autofictionnalisation de se mettre à la place de l'écrivain pour voir son état après la publication d'un roman personnel. Comment arrive-t-il à gérer ses émotions sur le plan psychologique quand il comprend que sa vie ou celle des membres de sa famille couchée sur un bout de papier se voit - reproduite par centaines puis par milliers ? Si pour certains, à l'instar du personnage « L. » dans *D'après une histoire vraie*, l'écriture de soi est la véritable écriture car à travers elle, l'écrivain cherche à se connaître, à fouiller ce qui le constitue, à remettre en question sa personne, son origine, son milieu, pour d'autres, ce n'est que mensonge, faux-semblants, artifice. Delphine, la narratrice, se présente dans un état de fragilité psychologique. Faire face à son succès en tant qu'écrivaine « autobiographiste » s'avère une entreprise difficile à gérer toute seule. L'auteure, par ce procédé de fictionnalisation, affirme sa liberté créatrice et se positionne dans le champ littéraire comme adepte de la fiction en littérature.

Somme toute, *D'après une histoire vraie* est un récit dans lequel la narratrice adopte une posture en faveur de la fiction dans le roman. Même s'il est vrai que l'écrivain puise sa matière dans le réel, celle-ci est retravaillée de manière à l'oublier : « Je ne crois pas à l'accent de vérité, Monsieur. Je n'y crois pas du tout. [...] Et je nous mets au défi - vous, moi, n'importe qui - de démêler le vrai du faux. D'ailleurs, ce pourrait être un projet littéraire, écrire un livre entier qui se donnerait à lire comme une histoire vraie, un livre soi-disant inspiré de faits réels, mais dont tout, ou presque, serait inventé. (DHV, p.448) » D'ailleurs, ce roman que le lecteur est en train de lire s'achève sur la note « FIN » suivie d'un astérisque, qui s'avère finalement être celui écrit par « L ». Le récit de son tourment est donc une forme de libération, d'acceptation de son œuvre aussi dérangeante soit-elle. De Vigan invite le lecteur par cette mise en scène à revoir, peut-être, ses attentes de lecture surtout en ce siècle où l'exhibitionnisme et le voyeurisme prennent de l'ampleur. Elle invite aussi l'écrivain à méditer sur la création littéraire, le sens même de la littérature.

Conclusion

En définitive, ce travail consistait à voir comment Delphine de Vigan parvient à construire le récit de son tourment. Nous nous sommes donnés pour ambition d'étudier son récit à partir des pratiques intertextuelles et des usages complexifiés de la mise en récit de soi dans le roman *D'après une histoire vraie.* Nous avons montré d'une part, que le tourment se dit dans le roman par la mise en œuvre d'une structure hybride à travers les pratiques intertextuelles et le brouillage des frontières entre autobiographie, autofiction et fiction. De Vigan, par la voix extradiégétique de la narratrice relate son tourment après la parution de son « dernier roman ». Un roman qui porte sur la vie de sa mère et dont le suicide l'a complètement bouleversé. *D'après une histoire vraie*, titre qu'on pourrait même transformer en « après une histoire vraie », remet au centre du débat la question de la création littéraire. L'auteure s'appuie sur l'intertextualité pour donner quelques indices de sa position. En citant à plusieurs reprises le roman Misery de Stephen King, qui traitait déjà cette thématique en trame de fond, elle montre que la notion de création littéraire doit être encore revisitée. En outre, De Vigan inscrit son récit sous l'égide de la manipulation. Elle s'amuse d'entrée de jeu à signer un pacte autobiographique avec le lecteur dans la mesure où elle donne à la narratrice Delphine son prénom et quelques référents liés à sa famille. Mais elle fait intervenir la fiction en inventant le personnage « L. », écrivaine d'un autre genre, n'ayant aucune filiation dans la vraie vie et qui disparaît à la fin du roman sans laisser de traces. Dans l'œuvre s'entremêlent à la fois réel et fictif à de telle enseigne qu'on n'arrive pas à les dissocier. D'autre part, le récit du tourment permet à De Vigan d'adopter une posture favorable à la prédominance de la fiction dans les débats théoriques autour de la création littéraire. Dans un face à face avec le personnage « L. », la narratrice Delphine prend position pour la « fiction » et L. pour le « réel ». La mise en scène de soi apparaît alors comme une affirmation de son statut d'écrivaine, remettant sur la table, un ensemble de réflexions autour de la création littéraire, la représentation du réel, l'illusion narrative.

Bibliographie

Bini, C. (2015). D'après une histoire vraie : Le réel fictionnel. *La règle du jeu*. https://laregledujeu.org/2015/08.

De Vigan, D. (2015). *D'après une histoire vraie*. Paris, JC Lattès.

Gasparini, P. (2004). *EST-IL JE ? Roman autobiographique et autofiction*. Paris, Éd. Le Seuil.

Genette, G. (1972). *Figures III*. Paris, Éd. Le Seuil.

Genette, G. (1982). *Palimpsestes : La littérature au second degré*. Paris, Éd. Le Seuil.

Kreyder, L. (2018). L'auteur et son nègre. Figures de l'écrivain chez Delphine de Vigan. *Autres modernités, 19*, 27-43.

Lecarme, J. (1993). L'autofiction : un mauvais genre ?. Dans Doubrovsky, S., Lecarme, J., Lejeune, Ph., (dirs.). *Autofiction &Cie, Cahiers ritm, 6*, (227-249). Nanterre, Publications de l'Université de Paris X.

Lejeune, P. (2005). *Signes de vie. Le pacte autobiographique 2*. Paris, Seuil.

Meizoz, J. (2007). *Postures littéraires. Mises en scène modernes de l'auteur*. Genève, Slatkine Érudition.

Meizoz, J. (2011). *La fabrique des singularités. Postures littéraires*. Genève, Slatkine Érudition.

Reuter, Y. (1997). *L'Analyse du récit*. Paris, Dunod.

La technologie au service de la narration dans la mise en musique d'un roman. L'exemple de *Maria Republica*, « opéra pour sept chanteurs, quinze musiciens et technologie » (François Paris, 2016)

Cyril Délécraz

Docteur en arts vivants, dominante musique

Centre Transdisciplinaire d'Épistémologie de la Littérature et des arts vivants (CTEL)

Université de Côte d'Azur, campus Carlone

Résumé : Publié en 1983 sous la forme d'un roman, *Maria Republica* (Agustín Gómez-Arcos) est un pamphlet allégorique traitant de la dictature franquiste. Avant de voir le jour en 2016, l'adaptation de cette histoire à l'opéra (François Paris) a nécessité plusieurs ajustements formels, narratifs et dramaturgiques. Des moyens technologiques sophistiqués sont ainsi déployés pour rendre compte des moments stratégiques de l'intrigue. C'est ainsi que le thème du double, si cher à l'opéra, est sublimé par des empilements harmoniques automatisés, et que le degré d'intimité entre les divers personnages est caractérisé par des couleurs d'intervalles spécifiques. La technologie constitue un outil de narration lyrique supplémentaire qui rend compte, de manière implicite, du triomphe de la République espagnole sur le régime franquiste. En ce sens, les technologies numériques contribuent à renouveler la narrativité du roman.

Mots-clefs : *Maria Republica*, François Paris, narration, dramaturgie, technologie, opéra, Agustín Gómez-Arcos.

Introduction

La première représentation de *Maria Republica*, un opéra pour sept chanteurs, 15 musiciens et technologie composé par François Paris d'après le roman éponyme d'Agustín Gómez-Arcos, s'est déroulée le 19 avril 2016 au théâtre Graslin de Nantes. Maria, l'héroïne du récit, est une prostituée fille de communistes notoires et incendiaires d'église fusillés en 1939, à l'issue de la guerre civile d'Espagne. À la suite de la fermeture des maisons closes et influencée par sa tante, bourgeoise franquiste, Maria intègre un couvent afin de se « régénérer ». Une fois à l'intérieur, elle feint de devenir une religieuse dans l'unique but de pouvoir y mettre le feu après y avoir enfermé toutes les résidentes. Le format d'une représentation scénique dictée par un livret lui-même basé sur une œuvre littéraire pose d'emblée des problèmes structurels qui ne doivent pas compromettre la conduite narrative intrinsèque. Cet article met en avant le rôle des différents moyens technologiques au sein de la narration. Après avoir situé brièvement le champ de la narrativité en musique, il s'agira de détailler les différentes fonctions dramaturgiques associées aux outils technologiques. Une conclusion résumera le propos et exposera les problèmes liés à une analyse dramaturgique dépassant le cadre des technologies numériques.

La narrativité musicale

Selon le psychologue Daniel Stern, la narrativité se situerait probablement au cœur des processus cognitifs : « la pensée narrative est un moyen universel par lequel tout le monde, y compris les nouveau-nés, perçoivent et réfléchissent sur le comportement humain » (Stern, 1998 : 182). Cette vision est partagée par les spécialistes de la narrativité musicale, domaine de la musicologie qui étudie avant tout le rapport (d'ordre sémiologique) entre musique et langage[1]. L'une des principales difficultés de cette approche réside dans l'identification des

[1] Ce rapport musique-langage, maintes fois étudié, se trouve fort bien résumé dans l'ouvrage *Fondements d'une sémiologie de la musique* (Nattiez, 1976).

relations entre les éléments d'un système de signes musicaux – par exemple un thème mélodique ou un motif rythmique – et leurs significations[2]. Marta Grabocz, spécialiste de la narrativité en musique, définit la *narrativité musicale* comme un « mode d'organisation expressive d'une œuvre instrumentale » (Grabocz, 2012 : 16) et l'*analyse narrative en musique* comme un « fonctionnement du discours musical du point de vue de la construction d'unités expressives (construction dans l'enchaînement des topiques ou des intonations, etc.) » (*Ibid.*). L'auteure insiste sur le fait que ce qui compte n'est pas l'identification d'unités locales à des affects, mais bien la relation entre ces unités, qui peut créer des liens dramaturgiques, des oppositions de forces, des dénouements :

> « Le point commun entre la narratologie littéraire et la narratologie musicale serait la recherche des lois et des règles dans la construction du contenu expressif. Ce qui l'emporte dans l'analyse narrative de la musique, ce n'est pas la définition verbale "occasionnelle" ou "accidentelle" de tel ou tel caractère affectif, de tel ou tel renvoi extra-musical ou "culturel" d'une unité expressive, mais notre capacité à définir les relations qui existent entre eux, à déterminer leurs rapports de force, leur "action", le dénouement de leur intrigue, puis leur issue cathartique, s'il y en a » (Grabocz, 2012 : 18).

Maria Republica constitue un exemple d'œuvre musicale scénique préservant la directionnalité dramaturgique d'une narration préalable. La forme de l'opéra est en effet *convergente*, au sens où il existe une « congruence des forces musicales et dramatiques ou scéniques » (Trubert, 2013 : 1272). Cette caractéristique découle de la linéarité du récit littéraire – non fragmenté et dirigé – qui est ici restructuré en un prologue suivi de dix scènes. Plus précisément, la forme narrative de l'opéra *Maria Republica* repose sur un schéma tripartite (exposition des personnages, révélations, mise en

---

[2] Il existe par exemple des études mettant en valeur les liens entre intonations d'une langue et allure du discours musical (Hall, 1953).

confiance et destruction progressive)[3], où la scène finale se révèle déterminante pour toute la compréhension de l'intrigue. Aux côtés d'ajustements formels et textuels effectués pour le portage à la scène[4], la technologie remplit plusieurs fonctions narratives vis-à-vis du roman[5].

Moyens technologiques et fonctions dramaturgiques

Trois principaux éléments issus des moyens technologiques participent à la narration de cette forme opératique : les *tempéraments musicaux*, l'*harmoniseur*[6] et les échantillons sonores (orgue et arcs électriques). Le tout est piloté par un logiciel de suivi de partitions[7]

---

[3] Ce type de structure caractérise une partie des grandes formes musicales scéniques. De type ABA, la *forme sonate* définit en effet les premiers mouvements de symphonies, sonates et quatuors à cordes à partir du milieu du XVIIIe siècle. La partie d'exposition (A) est comparable à l'entrée des personnages sur la scène, le développement des thèmes (B) représente les conflits et tensions entre les personnages, et la réexposition (A) s'assimile à la résolution de l'intrigue. Ce n'est pas un hasard si la forme sonate émerge au milieu du XVIIIe siècle, conjointement au développement de l'opéra avec orchestre. Construite sur un mécanisme continu de tensions/détentes, elle est le reflet instrumental d'une structure dramatique. Pour plus de détails, *cf.* Rosen (1998).

[4] Par exemple, la phrase « elle me demandait tous les jours de tes nouvelles, comme un *animal* qui attend sa proie » devient « elle me demandait tous les jours de tes nouvelles, comme un boa qui attend sa proie » (extrait du manuscrit personnel de F. Paris), pour des raisons sonores mais aussi pour rappeler l'image du serpent, symbole de duperie constamment attaché à la Mère Révérende. Ces accommodations littéraires choquent d'autant moins qu'A. Gómez-Arcos a écrit le roman dans une langue qui n'était pas la sienne.

[5] Les informations techniques ont été fournies par Camille Giuglaris (Réalisateur en Informatique Musicale) lors d'un entretien oral réalisé au Cirm (Nice) le 7 mars 2017.

[6] L'*harmoniseur* désigne un procédé de traitement audio en temps réel consistant à doubler une voix (qu'elle provienne d'un chanteur ou d'un instrument) selon une gamme préalable. Dans le cas présent, l'intervalle de doublure change à chaque note.

[7] Le logiciel de suivi de partitions (nommé *Antescofo*) a été mis au point en 2011 par l'équipe MuTant de l'Ircam, qui s'occupe de la synchronisation en temps réel dans

qui permet de déclencher les échantillons sonores et le *séquenceur*[8], de modifier les timbres du clavier (piano, glockenspiel, guitare électrique) et les différents *tempéraments musicaux* qui leur sont associés, ainsi que de réaliser du traitement audio en temps réel (étirement d'échantillons sonores, *delay*, harmoniseur).

Les tempéraments musicaux

Un *tempérament musical* est un « compromis consistant en une certaine altération des intervalles, à partir de leurs valeurs acoustiquement pures, et devant satisfaire l'inaltérable et rigoureuse condition de l'octave pure » (Asselin, 2000 : 40). Bien qu'elle soit valable pour toute la période baroque à laquelle l'ouvrage fait référence, cette définition doit ici être étendue pour étudier *Maria Republica*. En effet, pour cette œuvre, hormis le *tempérament égal*[9] nommé « 2 », trois tempéraments musicaux sont conçus sur des proportions d'octaves « non pures » : 1.2, 1.6 et 2.4. Chacun d'entre eux renseigne sur le degré d'intimité qui existe entre les différents personnages, celui-ci étant déterminé par le contenu narratif. Plus les intervalles sont larges, plus le contenu est général et le texte moins personnel. Le 1.2 est très intime et réservé à la « machine[10] ». Il est en particulier utilisé lors des passages harmonisés, dont le contenu est le plus personnel. Associé au thème récurrent de l'oppression et de la force, le tempérament 2.4 – celui utilisé par défaut – est associé aux propos très généraux. Quant au 1.6, il est destiné aux moments intimes, où la machine n'intervient pas. En

---

le traitement audio et de la programmation en informatique musicale. *Antescofo* a remporté le prix de la recherche en 2011.

[8] Le terme *séquenceur* désigne une séquence d'informations synchronisées à un *tempo* prédéfini. Dans *Maria Republica*, cet outil sert à démultiplier le nombre de notes jouées par la claviériste dans les passages où la rapidité d'exécution rendrait le jeu instrumental impossible.

[9] Dans le *tempérament égal*, 2 notes consécutives – parmi les 12 de l'octave – forment toujours le même intervalle. C'est le tempérament en vigueur de la plupart des instruments à claviers et à frettes occidentaux.

[10] La « machine » désigne tout le système technique mis en place (ordinateur, harmoniseur, clavier MIDI, etc.), qui agit tel un automate grâce au suiveur de partition. Trop technique pour les instrumentistes, le tempérament 1.2 est réservé au clavier et à l'harmoniseur.

outre, F. Paris considère le tempérament comme une « aliénation politique » (Paris, 2017). Il ne l'écarte donc pas et l'utilise de manière ironique, car « le monde imposé existe aussi » *(Ibid.)*. On l'entend par exemple lorsqu'un personnage emploie un ton autoritaire et péremptoire[11].

Le tempérament 1.6 peut être illustré par un passage clé de l'œuvre, issu de la Scène 6. On y apprend que dans son ancienne vie, la Sœur Psychologue s'appelait Mar, puis Renuncia, une fille de révolutionnaires qui a abandonné ses convictions et a fini par céder au régime fasciste. Elle est l'oracle du couvent et doit recevoir sa dose de morphine afin de mieux accepter son sort – être docile et soumise aux règles instaurées par la Mère Révérende. Cette fois-ci, Maria doit se charger de la piqûre. Puisque ce passage est plutôt intime et introverti, il est écrit avec le tempérament 1.6, aux intervalles resserrés. Ce brusque changement sonore est synonyme de changement de monde. On passe en effet du monde de la dictature à celui de profondes déclarations personnelles, où l'on comprend qu'il s'agit en réalité de deux personnages très similaires[12] à qui on a voulu retirer l'identité. De la même manière, lorsqu'à la fin de la scène, il est de nouveau question d'obéir à la règle, le tempérament revient en 2.4, synonyme du monde de la dictature. Le contraste est d'autant plus saisissant qu'il s'agit de rares moments où Maria témoigne de l'affection pour une de ses camarades. Narrativement, la présence de la Sœur Psychologue et de Rosa sert d'une part à tempérer les relations négatives que Maria entretient avec les autres personnages, d'autre part à alimenter sa soif de vengeance[13].

---

[11] Dans les mesures 1601-1605, Maria dit à la gardienne : « tu m'ouvres ou je t'arrache les clefs avec la main ! ». Cette phrase, surprenante de la part d'une religieuse, forme une injonction qui ne laisse pas le choix à la partie adverse. La Sœur Gardienne répond dans le tempérament 2.4 (« de quel droit me parles-tu ainsi ? ») car elle porte un regard d'analyse externe à la situation.

[12] Dans le roman, il est même écrit explicitement : « Mar, c'est Maria » (Gómez-Arcos, 1983 : 182).

[13] L'identité et le destin de ces deux résidentes ne peuvent qu'amplifier le désir de vengeance de Maria. D'une part, Rosa n'a jamais connu la liberté et finira par mourir de tuberculose au sein même du couvent. D'autre part, sous la pression de

En plus d'imposer de très petits intervalles[14] – ce qui renforce *ipso facto* l'intelligibilité du texte au sein de cette masse sonore – le choix des tempéraments musicaux permet finalement d'établir des contrastes sonores à partir des types de messages narratifs. Ils représentent également un moyen de structurer les différentes intentions d'un dialogue. Dans la Scène 5, nommée » Règlement de comptes », les changements de tempéraments sont nombreux et soudains, de sorte que la musique elle-même se trouve également en conflit. Dans ce cas, les tempéraments ne suivent pas précisément le texte mais représentent plus généralement le thème de la lutte, symptomatique de cette scène. En revanche, dans les parties instrumentales, les changements de tempéraments créent un véritable contraste de « couleurs sonores » et assurent ainsi une fonction formelle. Dans la Scène 6, qui se termine par un rétrécissement progressif des intervalles musicaux s'achevant sur *un unisson*[15], la succession des différents tempéraments (2.4, et 2, puis 1.6) assure ainsi une fonction téléologique. En associant un caractère particulier à chacun des tempéraments, F. Paris crée un « *éthos*[16] des tempéraments » où chaque élément n'est pas directement lié à une émotion ou à un état d'âme mais à un degré de contenu narratif.

---

la Mère Révérende, Maria sera forcée d'exécuter Mar, elle-aussi fille de révolutionnaires.

[14] Le *ton* désigne l'unité de référence de l'intervalle musical. Il correspond à l'intervalle entre deux notes blanches d'un clavier séparées par une touche noire, comme *do-ré* ou *la-si*. Le tempérament égal, le plus répandu de tous en occident depuis le XIXe siècle, se borne à une division du ton en deux 1/2 tons. Théoriquement, le tempérament égal fournit donc un réservoir de notes quatre fois plus petit que les tempéraments construits sur le 1/8 de ton, comme ceux employés dans *Maria Republica*.

[15] L'*unisson* est l'intervalle le plus petit possible, réalisé lorsque deux instrumentistes ou chanteurs produisent la même note.

[16] Le terme *éthos*, emprunté au grec ancien, désigne la manière d'être, le comportement d'une personne. En musique, le terme est surtout utilisé dans l'expression « éthos des modes », désignant la croyance que tel ou tel ensemble de notes (appelé *mode*) peut engendrer un état émotionnel particulier dû à ses relations internes.

L'harmoniseur

Utilisé dans plusieurs scènes, l'harmonisateur aider à la création de paires. Il illustre ainsi le thème du double, cet « immémorial de l'opéra »[17] (Paris, 2017). Cet outil technologique possède quatre fonctions. Premièrement, il crée de nouvelles rencontres sonores, impossibles à réaliser par l'homme. Il permet par exemple de dépasser la difficulté qu'un chanteur éprouve à doubler une voix sur un intervalle très petit (le 1/4 de ton), cela pour renforcer un sentiment spécifique, comme la Sœur Psychologue souffrant de son addiction. Deuxièmement, il s'agit d'un artifice pour faire parler une personne à travers une autre, comme c'est le cas entre Maria et le Christ. De cette manière, tout ce qui concerne le premier personnage peut être mis en relation avec le second. Troisièmement, l'harmoniseur dépeint deux facettes d'un même personnage : la Sœur Psychologue est également Mar ; Maria est une sœur autant qu'une usurpatrice. Quatrièmement, le simple fait d'utiliser cet outil technologique pour trois personnages précis crée une relation de parenté entre eux (Mar/Maria ; Christ/Maria), sans pour autant faire parler l'un à travers l'autre. Chaque intervention de l'harmoniseur revêt ces quatre fonctions de manière plus ou moins marquée. Voici deux exemples tirés d'une scène clef de l'opéra[18] : la confession de Maria (Scène 7). Dans les mesures 1408-1423 (exemple 1), Maria, allongée sur une table, est doublée par une

[17] Terme utilisé par Betsy Jolas et repris par F. Paris pendant la *Master class* du 24/01/17 réalisée au Conservatoire à Rayonnement Régional de Nice. Ce thème est en effet présent dans toute l'histoire de l'opéra et sous diverses formes, comme le travestissement. Dans *Così fan tutte* par exemple (Wolfgang Amadeus Mozart, 1790), Guglielmo et Ferrando se font passer pour deux charmeurs et la servante Despina revêt un habit de médecin, puis de notaire, tandis que dans *Fidelio* (Ludwig van Beethoven, 1805), Leonore se déguise en homme afin de pouvoir travailler dans une prison et libérer son mari Florestan.

[18] En 1996, dans *Les confessions silencieuses*, F. Paris mettait déjà en scène cette confession, qui s'avère être en réalité une messe noire où le Christ entre en communion avec la confessée par l'intermédiaire d'une machine étrange que l'on doit brancher avec un câble. Pour le compositeur, « la situation dramaturgique, d'une grande complexité, était d'une telle densité qu'elle pouvait résumer dans cette unique scène le sujet du roman dans son ensemble voire même être à elle seule une métaphore des enjeux de la guerre civile espagnole » (extrait du texte de F. Paris intitulé *Points, Contrepoints*, à paraître).

seconde voix. C'est le Christ qui parle à travers elle. À la fois fils de Marie et fils de Dieu, lui qui efface les péchés de l'Humanité libère ici l'Espagne du fascisme franquiste[19]. Il / elle chante le texte suivant : « dans le passage étroit et sombre de ce corps je me suis découvert. Dans le passage étroit de ce corps, je me suis créé. Ce corps c'est le mien, asséché, déformé, étouffé » (Paris : 2016 : 151-152). Les termes évoquent l'Immaculée Conception (« créé dans un passage étroit ») et la déformation du corps du Christ représente celle de l'Église sous le régime de Franco. Notons également que le tempérament utilisé est le 1.2. Il s'agit en effet d'un monologue intérieur, la situation la plus intime qui soit puisqu'elle ne met pas d'autres personnages en jeu. Afin que le spectateur puisse bien saisir cette idée de dédoublement lorsqu'elle commence à être exploitée, une longue note est tenue, à partir de laquelle la voix harmonisée produite par la machine descend par 1/8 de ton jusqu'à atteindre la tessiture du Christ baryton :

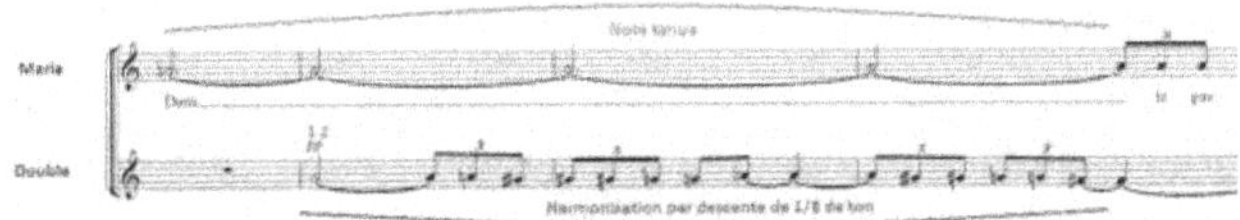

Figure 1 : le Christ s'exprimant à travers Maria (harmonisation), mesures 1408-1412 (Paris, 2016 : 151)

Dans les mesures 1461-1468 (exemple 2), la Sœur Psychologue chante seule. Alors qu'elle avait besoin de piqûres pour être obéissante, celle-ci se rebelle contre la Mère Révérende. Puisqu'elle représente maintenant un danger, la Sœur Psychologue sera tuée, de la même manière qu'un communiste le serait s'il en venait à se rebeller contre l'autorité franquiste. La doublure représente ici la part de Mar qui reste enfouie dans la Sœur Psychologue[20]. N'ayant

[19] Dans le roman, le Christ est crucifié chaque jour afin de souligner la constante collaboration de l'Église avec le régime franquiste. Le Christ possède un rôle important dans l'opéra puisqu'il permet de compenser les tessitures des voix féminines et de combler le manque d'une présence narrative masculine.

[20] À cet endroit précis de la partition, la mention « Mar » est indiquée au début de la portée de la Sœur Psychologue.

« jamais été plus [elle]-même que maintenant » (Paris, 2016 : 156-157), elle redevient la personne qu'elle était autrefois. Finalement, l'harmoniseur s'accommode à certains éléments narratifs de l'intrigue. En plus d'exploiter le tempérament 1.2, le plus introverti, il permet d'illustrer le thème du double de différentes façons, que ce soit en illustrant les relations symboliques entre les personnages (exemple 1) ou en exhibant les différents traits d'une même personnalité (exemple 2).

Les échantillons sonores

L'orgue

Joué de manière virtuelle à l'aide d'un clavier MIDI qui déclenche des échantillons pré-enregistrés, l'orgue constitue un des instruments les plus présents dans *Maria Republica.* Le timbre est assurément synonyme d'Église, mais le fait que les accords soient constamment glissés indique que cette dernière est corrompue, distordue. Grâce à un traitement informatique, ces échantillons sont étirés en temps réel et leurs « pentes »[21] varient suivant les situations. La Scène 2, qui concerne la visite de l'établissement et la rencontre de Maria avec la Mère Révérende, est encadrée par cet orgue distordu. Cette transformation sonore s'intègre significativement dans la narration puisqu'elle revêt une fonction structurelle tout en dénaturalisant une icône musicale multiséculaire. L'orgue distordu évoque à lui seul, sans texte ni image, toute la métaphore de l'intrigue, c'est-à-dire la corruption de l'Église par la dictature franquiste. Inversement, son absence dans la scène finale est un indice supplémentaire du triomphe de la République.

Les arcs électriques

Tout au long de l'opéra, le spectateur peut remarquer un élément dont il ne saurait dire s'il provient de la mise en scène ou de la composition elle-même. Il s'agit d'un arc électrique (inscrit sur

[21] La manière de passer continûment d'une hauteur à une autre se fait soit à vitesse constante (avec une pente droite), soit à vitesse variable (avec une courbe, par exemple logarithmique).

partition) changeant à chaque fois de durée et de morphologie et qui, à l'instar des bruits de pistolet, doit être joué sur les retours de scène afin de « situer ces sons dans l'action de l'opéra » (Paris, 2016. s.d.). Coordonné à la lumière, chaque arc agit comme une « dissonance narrative » en plein milieu de l'intrigue. En effet, bien que les occurrences paraissent aléatoires, elles sont disséminées à des moments stratégiques, comme si ces éléments étaient des marqueurs temporels d'actions importantes. En plus d'une fonction de distanciation et de condensation de la narration, ils sont les premiers indices subliminaux concernant l'incendie de la scène finale, unique but de l'imposture de Maria dans le couvent. Ces étincelles, parfois interceptées par les personnages (cf. figure 2), rappellent la constante tension du huis clos. Elles sont le signe que Maria n'est pas à sa place et qu'elle pourrait faire éclater sa vengeance à tout moment. Par exemple, lorsque la Mère dit « voilà notre future régénérée », l'arc se déclenche pour la contredire (cf. figure 2) – Maria finira en effet par devenir le contraire d'une régénérée. Lorsque la Mère dit « un incendie monstrueux », un arc surgit pour lui faire comprendre qu'elle ne croit pas si bien dire. Même lorsqu'il n'est pas possible d'expliquer leurs fonctions narratives, ces événements restent séparés de manière régulière tout au long de l'opéra, comme s'ils réalisaient un séquencement linéaire qui viendrait lisser la non-linéarité de cette grande forme dramaturgique.

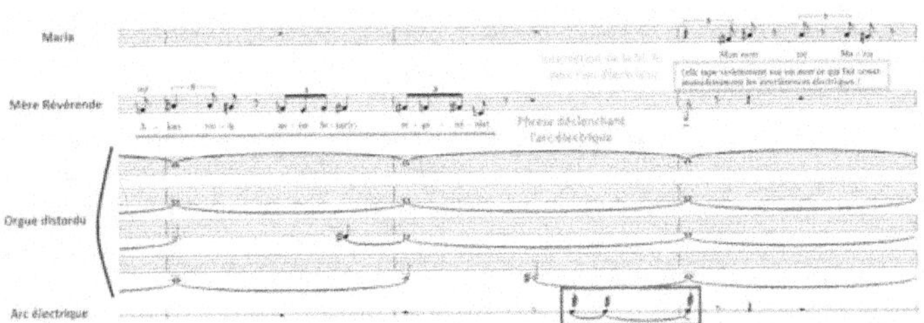

Figure 2 : dissonance narrative (arc électrique), mesures 409-412 (Paris, 2016 : 50)

Conclusion

Le projet de l'opéra *Maria Republica* remonte à 1991, quand F. Paris découvre le roman. Ce dernier y découvre alors une intrigue contenant d'importants éléments dramatiques[22]. Il s'ensuit une rencontre avec l'écrivain[23], puis une écriture fragmentée à travers laquelle le compositeur expérimente quelques outils technologiques qu'il réutilisera dans l'opéra[24]. Dès le début du processus de création, le compositeur montre donc sa volonté d'exploiter le thème central du double (par la duperie, la schizophrénie et la symbolique religieuse) à l'aide de moyens sophistiqués[25]. À travers le prisme de la technologie, cet exposé montre que celle-ci constitue un outil de narration lyrique supplémentaire qui possède un véritable poids dramaturgique. La technologie sublime la métaphore littéraire du triomphe de la République sur l'Espagne de Franco (cf. figure 3). En ce sens, les technologies numériques influencent l'émergence d'une forme de narration renouvelée par

---

[22] Tels que l'unité de lieu – il s'agit d'un huis clos – l'unité de temps ainsi que la dualité entre les deux personnages principaux. Celle-ci peut alors être mise en valeur par l'opposition de deux registres différents : soprano et mezzo-soprano. Par ailleurs, l'opéra garde la même structure que le roman tout en supprimant la présence du narrateur ainsi que d'autres moments extérieurs à l'action, tels que les analepses concernant l'enfance de Maria.

[23] Dans cette rencontre, A. Gómez-Arcos surprend le jeune compositeur en lui disant que *Maria Republica* était au départ une pièce de théâtre. Cependant, aucune trace de la pièce n'a été trouvée après la mort de l'écrivain en 1998.

[24] *La chair de l'aube*, (pour grand orchestre et électronique, 1992), *Murs* (pour quatre voix et orchestre de chambre, 1993), *Les confessions silencieuses* (pour ensemble vocal, deux claviers, harpe et électronique, 1996) et *Rosa* (pour trois voix, orchestre et électronique, 2012). Bien que la technologie ait évolué depuis, l'utilisation de l'harmoniseur et des tempéraments 1.2, 1.6 et 2.4 était déjà effective dans *Les confessions silencieuses*. Pour les deux dernières œuvres, il s'agissait de mettre en scène un chapitre précis du roman, de manière métaphorique (utilisation d'un matériau phonétique) plutôt que textuelle (exploitation explicite de mots ou de phrases de l'écrivain).

[25] Ces moyens technologiques restent cependant transparents en termes de mise en scène. Pour le compositeur, il est primordial que l'électronique se fonde dans l'intrigue et fasse partie intégrante de l'orchestre, sans que l'audience y prête attention : « Je n'écris jamais pour un dispositif électronique donné, mais je demande à l'électronique de réaliser et d'interpréter ce que j'écris » (Paris : 1996).

rapport à celle du roman. Par exemple, l'harmonisation donne une verticalité que la linéarité littéraire ne saurait rendre compte – tout du moins dans le format du roman. En ce sens, elle rend plus immersif le thème narratif du double. Les tempéraments créent de soudains contrastes de situations. Coordonnés à la lumière, ils permettent au spectateur de clairement discerner les différents mondes de la narration. Quant aux échantillons sonores, ils dépeignent métaphoriquement l'instabilité permanente du livre (orgue virtuel) ou donnent des signes subliminaux supplémentaires sur toute la longueur de l'opéra (arcs électriques), qui ne prennent sens qu'à la toute fin.

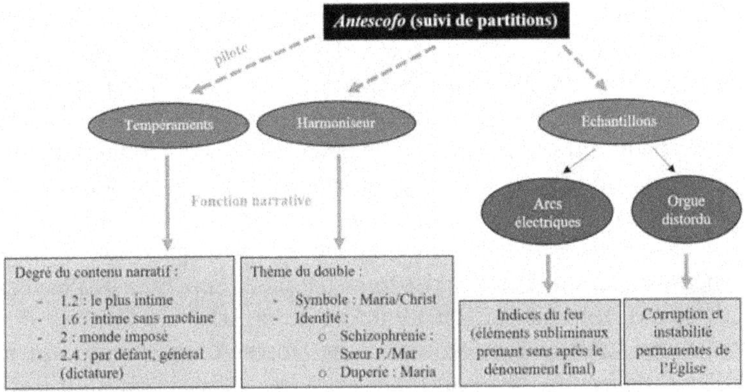

Figure 3 : fonctions narratives associées aux différents outils technologiques utilisés dans Maria Republica

Vers une analyse dramaturgique plus générale

Étudier les associations des différents éléments compositionnels (qu'ils soient auditifs ou visuels) vis-à-vis des personnages et des nœuds de l'intrigue répond aux besoins d'une étude plus globale d'une narrativité définie comme « catégorie générale de l'esprit humain, capacité ou compétence, quand il s'agit de pouvoir mettre des événements temporels dans un certain ordre, dans un continuum syntagmatique » (Tarasti, 1987 : 43). La scène de l'opéra donne à voir et à entendre toute une « sémiosphère[26] » d'éléments disposés dans le temps de manière stratégique[27], qui s'entremêlent, s'entrechoquent, et créent par-là même un drame, c'est-à-dire une « *Series of events involving interesting or intense conflict of forces* »[28] (Garavaglia, 2008 : 4) – dans *Maria Republica*, le drame participe à une cohérence narrative d'ensemble dictée par la dramaturgie d'un roman. Ce faisant, *The structure of every event is perceived by the "recipient" and pertinent aspects of it are saved in his memory as a certain amount of information referring to the contemplated event* "[29] (Garavaglia, 2008 : 5). D'une manière générale, l'étude de *Maria Republica* consiste donc à analyser les différents types de forces provenant de la scène.

Cette narration possède une particularité : certains éléments scéniques peuvent être interprétés d'une manière différente lorsque le spectateur connaît l'issue de l'histoire. Le processus de réception n'est donc pas linéaire. Une deuxième lecture se perçoit de manière totalement différente, révélant un « sens caché » qui fonctionne sur le même principe que le « retournement final » utilisé au cinéma. Par exemple, beaucoup d'éléments subliminaux – corollaires scéniques des « anticipations » en littérature – qui concernent le thème du feu sont disséminés tout au long de l'opéra et ne peuvent donc être appréhendés qu'une fois l'œuvre achevée. Dans ce cas, ces signes deviennent réellement des forces uniquement pour la deuxième lecture. D'autres forces sont transmises par des « images » et demeurent essentielles pour la compréhension narrative. Le prélude instrumental résume ainsi toute l'enfance de Maria, la mise en scène remplissant la même fonction signifiante que le chapitre

---

[26] Terme utilisé pour désigner l'ensemble des signes provenant de la scène. La sémiosphère contient bien-sûr la musique, mais également la mise en scène, la lumière, la vidéo, les décors et les costumes.

[27] Par exemple, un motif accéléré de guitare électrique est joué par le clavier pendant le prélude puis repris au début de l'acte 2, de manière à bien séparer les deux actes.

[28] Série d'événements impliquant un conflit intense de forces intéressant ou intense. (Traduction personnel)

[29] La structure de chaque événement est perçue par le « destinataire » et ses aspects pertinents sont enregistrés dans sa mémoire comme une certaine quantité d'informations se rapportant à l'événement envisagé (Traduction personnelle).

du roman. Ce conflit intense de forces est ici tangible par les gestes, les mouvements et les positions des personnages qui sont sur scène. De la même manière, des signes visuels peuvent donner une signification spécifique à une action. Par exemple, dans la scène de la confession, les Sœurs portent toutes des cornes et le Christ a un rapport sexuel avec Maria. En d'autres termes, la « gestualisation » du récit permet de condenser des « forces narratives » (signes qui possèdent une charge dramaturgique) par des signes visuels. De plus, il y a des moments où les forces se rencontrent – que le discours soit calme ou énergique – et d'autres où elles divergent. Dans la scène finale, contrairement au roman, les forces semblent s'opposer, ce qui crée un climax paradoxal. D'une part, Maria met le feu au couvent, où tout le monde est enfermé ; d'autre part, elle réalise cette action dans une tranquillité déconcertante, accompagnée par une orchestration réduite et des lignes mélodiques très lyriques.

Ces quelques exemples suffisent à montrer que l'analyse dramaturgique de la mise en musique d'un roman est une tâche complexe qui requiert une étude approfondie si l'on souhaite pouvoir répondre à des questions fondamentales. Comment organiser et quantifier toute cette quantité d'informations ? Comment déterminer si la musique renforce ou s'oppose avec la narration intrinsèque ? En considérant que « la signification présuppose l'existence de la relation [et que] c'est l'apparition de la relation entre les termes qui est la condition nécessaire de la signification » (Greimas, 1966 : 19), l'analyse dramaturgique pourrait se concevoir comme l'étude des relations émergentes de différents espaces conflictuels de forces sonores, gestuelles, visuelles et narratives.

Bibliographie

Asselin P.-Y., 2000, *Musique et tempérament.* Paris, Éd. Jobert.

Garavaglia, J-A. (2008). What Impact Does Technology Have on the Dramaturgy of Music? *The Journal of Music and Meaning*, 7. http://www.musicandmeaning.net/issues/showArticle.php?artID=7.2

Gómez-Arcos, A. (1983). *Maria Republica.* Paris, Éd. Le Seuil.

Grabocz, M. (2012). *Musique, narrativité, signification.* Paris, L'Harmattan.

Greimas, A. J. (1966). *Sémantique structurale.* Paris, Éd. Larousse.

Hall, R. H. (1953). Elgar and Intonation of British English. *Gramophon*, *31*(6), (6-7).

Nattiez, J.-J. (1976). *Fondements d'une sémiologie de la musique.* Paris, Union Générale d'Éditions.

Paris, F. (1996). *Note de programme des Confessions silencieuses.* http://brahms.ircam.fr/works/work/11000/.

Paris, F. (2016). *Maria Republica* [partition], Fondation Royaumont.

Paris, F. (2017). *Master class* (le 24/01/17). Nice, Conservatoire à rayonnement régional.

Paris, F. Manuscrit personnel du livret.

Paris, F. *Points, Contrepoints* (à paraître).

Rosen, C. (1998) *Formes sonate.* Arles, Éd. Actes Sud.

Stern, D. (1998). Aspects temporels de l'expérience quotidienne d'un nouveau-né : quelques réflexions concernant la musique. Dans Darbellay, E. (dir.), *Le temps et la forme. Pour une épistémologie de la connaissance musicale*, (167-185). Genève, Éd. Droz.

Tarasti, E. (1987). La musique comme langage. *Degrés*, *181-182*, (52).

Trubert, J.-F. (2013). Théâtre musical et théâtre instrumental. Dans Donin, N., Feneyrou L. (dirs.). *Théorie de la composition musicale au XXe siècle : volume 2*, (1269-1295). Lyon, Éd. Symétrie.

L'hébergement de formes narratives dans L'autofictif : le cas de « lorsque je serai vieux » d'Éric Chevillard

Fanny Siaugues

Doctorante en sciences du langage

CLESTHIA Langage, Systèmes, Discours

Université Sorbonne Nouvelle

Résumé : Depuis septembre 2007 le lecteur d'Éric Chevillard approche, suit et attend la pratique scripturale de *L'Autofictif.* Onze ans déjà que Chevillard « contre-attaque » le discours, la langue et la narration, et agace la communauté littéraire. De nombreux travaux universitaires se sont constitués sur l'*ethos* « chevillardien ». Cette tendance risque d'effacer la singularité de cette pratique scripturale au double plan de la *narrativité* et de la *textualité.* Or, poser le problème de l'articulation entre ces deux domaines au regard de l'hébergement numérique permet de reconnaître que cette pratique scripturale est une autre activité scripturale que nourrit assurément Éric Chevillard en générant des formes narratives liées aux potentialités du numérique, et à une expérience de lecture incomparable.

Mots clefs : support numérique, pratique scripturale, activité scripturale, narrativité, métascripturalité, textualité, métatextualité.

Introduction

> « Littérature, ma belle, sais-tu que tu emmerdes tout le monde ? »
>
> Éric Chevillard, *L'Autofictif*, 2007, p. 19.

Écrivain prolifique, humoriste, cocasse et militant, Éric Chevillard « contre-attaque » la littérature, la communauté littéraire, le discours littéraire et la langue (Daniel, 2016). Déjà plus d'une décennie qu'il s'emploie à la pratique quotidienne de son blog nommé *L'Autofictif* dans un billet composé de trois notes. Cette pratique scripturale, dont le support est la plateforme numérique de *Blogger*[1], est depuis 2009 éditée en version papier aux éditions de l'Arbre vengeur à Talence. Depuis janvier 2018, l'ensemble est publié dans un unique *opus* intitulé ironiquement *L'Autofictif ultraconfidentiel*[2]. De nombreux travaux universitaires ont été consacrés aux aspects stylistiques, poétiques et énonciatifs de ce blog en ayant pour leitmotiv les genres brefs du discours, et notamment les formes parémiologiques : les proverbes, le *haïku* et le poème. Ce phénomène issu de la critique littéraire, de chercheurs savants et d'écrivains comme François Bon ou Claro, se répercute sur l'analyse du billet en généralisant l'*ethos* de la pratique scripturale du blog. Qualifié de journal et/ou carnet d'écriture, et/ou de chronique et/ou d'ensemble diaristique (Riendeau, 2015 : 201-214), il demeure confronté à une analyse interdiscursive (Adam, 2011 : 45) du fait des romans édités aux Éditions de Minuit. L'activité et la pratique scripturale de *L'Autofictif* deviennent donc un objet transparent où la question de l'*ethos* discursif dans *L'Autofictif* continue de

[1] http://autofictif.blogspot.fr. Consulté le 26/04/18.

[2] Édité au mois de janvier 2018, *L'Autofictif ultra-confidentiel* regroupe les neuf livres papiers et l'avant-dernière activité scripturale du blog intitulée « L'autofictif songe à sa succession » (pp. 1119-1209). Depuis quelques années, lorsque la version papier est éditée, la version numérique de l'*Autofictif* est supprimée de la plateforme numérique de *Blogger*.

prédominer[3]. Or, envisager la configuration, ou plus particulièrement la textualité, comme « production co(n)textuelle du sens[4]» de *L'Autofictif* a attiré peu d'attention[5]. Par conséquent, nous poserons le problème de l'articulation entre la *textualité* et la *narrativité* à l'appui de quelques billets du mois d'octobre 2017. Ainsi parler de ces billets, c'est d'abord poser le problème de la technicité du support numérique de *L'Autofictif*, puis de sa représentation matérielle, le billet « chevillardien », et enfin rendre compte du processus dialogique entre le support de *L'Autofictif* et l'activité scripturale de formes narratives dans *L'Autofictif*.

La textualité de l'autofictif

La dimension tabulaire de l'autofictif

L'Autofictif est un support numérique qui héberge une activité scripturale quotidienne sous forme de billet. Cette pratique scripturale d'Éric Chevillard se développe depuis le 18 septembre 2007 en ligne. Le billet « chevillardien » correspond à une entrée, à une porte dans *L'Autofictif*. Il se lit et se perçoit dans un « régime de textualité tabulaire » qui d'après Marie-Laure Florea constitue « un

[3] Sur ce point, nous renvoyons au colloque *Éric Chevillard dans tous ses états* édité sous la direction d'Olivier Bessard-Banquy et de Pierre Jourde en 2015 aux Éditions de Classiques Garnier.

[4] Jean-Michel Adam continue d'insister sur ce champ d'analyse dans son ouvrage *La linguistique textuelle* ([2011] 2015) en soulignant la formation de ce concept : « [E]n effet, tout énoncé, aussi bref ou complexe soit-il, a toujours besoin d'un co(n)texte. Les phrases hors co(n)texte des livres de grammaire, de syntaxe, de sémantique, voire de pragmatique, deviennent des énoncés interprétables en faisant appel à un contexte *par défaut*. Nous écrivions "co(n)texte" pour bien dire que l'interprétation d'énoncés isolés porte autant sur la (re)construction d'énoncés à gauche ou à droite (co-texte) que sur l'opération de contextualisation qui consiste à imaginer une situation d'énonciation qui rende possible l'énoncé considéré. » (*Nous soulignons*)

[5] Pascal Riendeau (2012 : en ligne) se concentre sur l'activité scripturale de *L'Autofictif* sous l'angle de « l'interrogation identitaire » de chaque tome. Alexandre Gefen (2010 : 156) remarque que « rares sont les études ayant fait du blog un genre littéraire en soi c'est-à-dire, et quelle que soit la définition du genre que l'on retienne, une forme de matrice de sens, y compris dans le monde anglo-saxon [...]. » Anaïs Guillet tente de définir le « blogue » (2016 : pp . 4-5).

texte de plusieurs modules, ayant chacun une autonomie relative mais en même temps interdépendants fonctionnant les uns par rapport aux autres, regroupés sur un espace matériellement borné » (Florea, 2009 : 178-181). Le corpus (1) restitue une page numérique de *L'Autofictif* et propose une lecture interprétable[6] de cette dimension tabulaire, de ces deux échelles où chaque module – comme balise technique – est identifié par l'utilisation de chiffres et d'encadrements.

Corpus 1 : Capture d'écran. Restitution de la page numérique de L'Autofictif du mois d'Octobre 2017.

En haut de la page numérique, le module (1) est délimité par une ligne horizontale renvoyant à la barre de recherche de la plateforme numérique de *Blogger*. Ce module forme l'espace de la péritextualité ou la marge numérique de ce blog. Le module (2) détermine l'identification de cette page numérique à partir de la nominalisation du titre *L'Autofictif*. Le module (3) représente le dispositif technique des billets « chevillardiens » qui se succèdent de façon décroissante du haut de la page au bas de la page. Parallèlement à cela, en haut à droite, le module (4) intitulé « En librairie » promeut la vente dudit

[6] Comme le remarque Stéphane Crozat *et alii*, le support numérique « n'a par lui-même aucune prescription interprétative : une ressource numérique ne dit pas par elle-même comment il faut la lire et l'interpréter ». Nous ferons une lecture linéaire de la page numérique c'est-à-dire décroissante.

opus et donne accès à la notice dans le catalogue numérique des éditions de l'Arbre vengeur. Le module (5) nommé « archives du blog » configure le dispositif technique de *L'Autofictif* qui répertorie et regroupe les billets « chevillardiens » en années, en mois et en jours sous la forme d'hyperliens internes. Le dernier module (6) correspond à une sélection de liens hypertextuels reliant Éric Chevillard à sa communauté : certains blogs d'écrivains (Bon, Claro, Matton, etc.), ses groupes éditoriaux (L'Arbre vengeur, Fata Morgana, Minuit...etc.), et certains sites de recherche littéraire (Fabula, Remue.net, etc.).

La tabularité du billet « chevillardien »

Le corpus (2.a) restitue un billet « chevillardien » situé dans le dispositif technique des billets – module 3 du corpus (1). À cette échelle, l'interdépendance et l'autonomie du billet dans et de *L'Autofictif* se perçoivent par la lecture interprétative des modules (encadrés en pointillés), de part et d'autre, du billet « chevillardien ». De ce fait, ils signalent cette interdépendance technique entre les billets « chevillardiens » et en même temps délivrent l'autonomie et les caractéristiques de chaque billet.

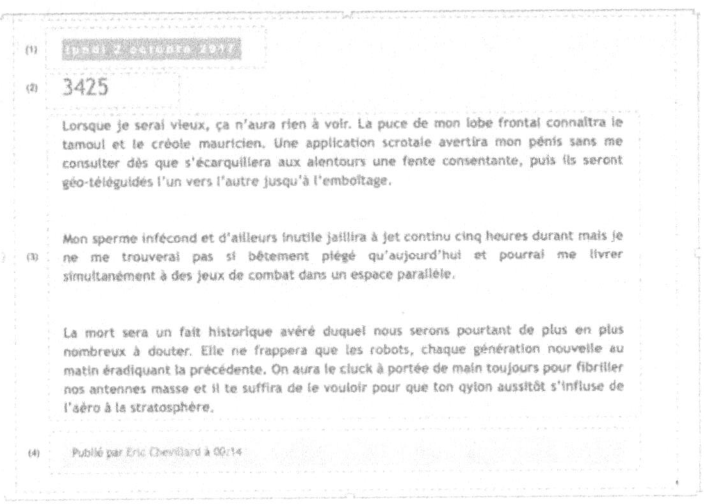

(1) [illegible]

(2) 3425

Lorsque je serai vieux, ça n'aura rien à voir. La puce de mon lobe frontal connaîtra le tamoul et le créole mauricien. Une application scrotale avertira mon pénis sans me consulter dès que s'écarquillera aux alentours une fente consentante, puis ils seront géo-téléguidés l'un vers l'autre jusqu'à l'emboîtage.

(3) Mon sperme infécond et d'ailleurs inutile jaillira à jet continu cinq heures durant mais je ne me trouverai pas si bêtement piégé qu'aujourd'hui et pourrai me livrer simultanément à des jeux de combat dans un espace parallèle.

La mort sera un fait historique avéré duquel nous serons pourtant de plus en plus nombreux à douter. Elle ne frappera que les robots, chaque génération nouvelle au matin éradiquant la précédente. On aura le cluck à portée de main toujours pour fibriller nos antennes masse et il te suffira de le vouloir pour que ton qylon aussitôt s'influse de l'aéro à la stratosphère.

(4) Publié par Éric Chevillard à 00:14

Corpus (2.a) : Capture d'écran. Restitution du billet « chevillardien » n°3425.

En haut à gauche, le module (1) atteste la date de la pratique scripturale « lundi 2 octobre 2017 ». Le module (2) en dessous restitue le positionnement spatial du billet grâce à la clef numérique « 3425 » dans *L'Autofictif*. Le module (3) forme la composition intratextuelle du billet « chevillardien ». Le module (4)[7] cautionne la signature de l'auteur et renvoie au contexte temporel de la publication (aux alentours de minuit). Ainsi, les modules (1) (2) et (4) sont les balises techniques[8] du billet qui signalent la « dynamique (trans-) médiatique[9] » du support numérique tandis que le module (3) forme la composition intratextuelle du billet. Sa représentation matérielle, depuis le premier billet de *L'Autofictif*, est la segmentation typographique de trois paragraphes séparés par des lignes blanches. Cette « image de texte » comme matérialité du support (Souchier, 1998 : 138), a souvent suscité la caractérisation de ces formes comme aphoristiques (Riendeau, 2015 : 201). En effet, l'aspect de la linéarité – qui est suspendue par la segmentation du blanc – d'une part, interroge la dimension textuelle et narrative c'est-à-dire la mise en récit, et d'autre part, pose le problème du texte à l'égard des billets *de* et *dans L'Autofictif*. Ainsi, le statut du blanc oscille entre sa valeur contextuelle liée à une production de sens et sa valeur générique liée à la planification textuelle du billet « chevillardien ». Par conséquent, à l'échelle du billet, ces unités typographiques « signalent » un changement d'ordre narratif[10], et à l'échelle de *L'Autofictif*, elles déploient des unités textuelles au sein de cette image de texte.

---

[7] Le module (4) est composé de deux liens hypertextuels, d'une part, en cliquant sur l'heure, le billet est extrait du dispositif décroissant des billets, et d'autre part, l'hyperlien de la signature renvoie à la page minimaliste du profil de l'auteur.

[8]Les modules (1) et (2) subsistent dans les versions papiers de *L'Autofictif*.

[9] C'est l'une des perspectives principales soutenues par Béatrice Fleury et Jacques Walter (redoublant les positions tenues par François Jost) où la matérialité doit être investie pour envisager la narratologie avec « des passages de frontières » : « il s'agit de prendre en compte la *matérialité du support*, tout comme les documents d'accompagnement. *Au fond*, c'est bien une *dynamique transmédiatique* qui fait bouger les lignes de l'approche narratologique plus canonique » (*c'est nous qui soulignons*).

[10] En effet, il peut signifier le « pass[age] à autre chose ». De ce fait, il est nécessaire de reconnaître l'importance du dispositif textuel d'après Marc Arabyan (1994 : 261, 1999 : 1).

L'objet textuel de ce billet « chevillardien »

Dans ce billet, Éric Chevillard se projette dans l'avenir du devenir sociétal de son corps, de nos corps, de la sexualité à la lumière de la technologie futuriste. Le corpus (2.b) demande de s'y arrêter sans pouvoir toutefois entrer ici dans le détail de la construction de ce billet :

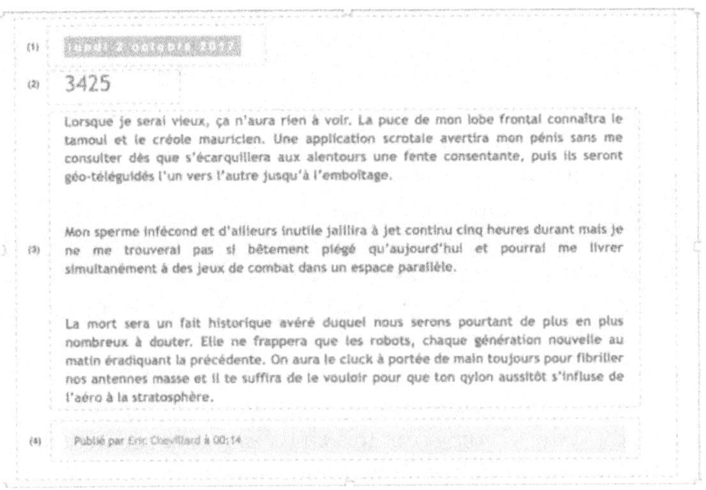

(1) lundi 2 octobre 2017

(2) 3425

(3) Lorsque je serai vieux, ça n'aura rien à voir. La puce de mon lobe frontal connaîtra le tamoul et le créole mauricien. Une application scrotale avertira mon pénis sans me consulter dès que s'écarquillera aux alentours une fente consentante, puis ils seront géo-téléguidés l'un vers l'autre jusqu'à l'emboîtage.

Mon sperme infécond et d'ailleurs inutile jaillira à jet continu cinq heures durant mais je ne me trouverai pas si bêtement piégé qu'aujourd'hui et pourrai me livrer simultanément à des jeux de combat dans un espace parallèle.

La mort sera un fait historique avéré duquel nous serons pourtant de plus en plus nombreux à douter. Elle ne frappera que les robots, chaque génération nouvelle au matin éradiquant la précédente. On aura le cluck à portée de main toujours pour fibriller nos antennes masse et il te suffira de le vouloir pour que ton qylon aussitôt s'influse de l'aéro à la stratosphère.

(4) Publié par Eric Chevillard à 00:14

Corpus (2.b) : Séquentialité narrative du billet « chevillardien »

[MP1] Lorsque je serai vieux, ça n'aura rien à voir. [MP2] La puce de mon lobe frontal connaîtra le tamoul et le créole mauricien. [MP3] Une application scrotale avertira mon pénis sans me consulter dès que s'écarquillera aux alentours une fente consentante, puis ils seront géo-téléguidés l'un vers l'autre jusqu'à l'emboîtage.

[MP4] Mon sperme infécond et d'ailleurs inutile jaillira à jet continu cinq heures durant mais je ne me trouverai pas si bêtement piégé qu'aujourd'hui [MP5] et pourrai me livrer simultanément à des jeux de combat dans un espace parallèle.

[MP6] La mort sera un fait historique avéré duquel nous serons pourtant de plus en plus nombreux à douter. Elle ne frappera que les robots, chaque génération nouvelle au matin éradiquant la précédente. [MP7] On aura le *cluck* à portée de main toujours pour fibriller nos antennes masse [MP8] et il te suffira de la vouloir pour que ton *qylon* aussitôt s'influse de l'aéro à la stratosphère.

L'ensemble produit une « séquentialité narrative[11]» (Adam, 1992 : 49-60) composée de huit « macropropositions » (MP) dans un « plan d'énonciation du discours » (Benveniste, 1966 : 237-250/1974 : 79-88) par l'utilisation : de la personne linguistique, de marqueurs déictiques tels que « aujourd'hui » et du futur simple, formant un tout, une unité sémantique. L'unité de discours « Lorsque je serai vieux » du premier paragraphe fonctionne comme une *accroche narrative* qui configure l'ensemble séquentiel. La personne linguistique génère la manifestation d'un « dédoublement de l'énonciation » entre un locuteur et un énonciateur (Ducrot, 1984 : 206-210) qui se traduit par deux « attitudes de locutions » (Weinrich, 1964 : 33). Dès l'accroche « Lorsque je serai vieux, ça n'aura rien à voir », l'activité narrative du locuteur est suspendue, arrêtée et commentée par l'activité commentative de l'énonciateur. Ce commentaire porte sur l'unité discursive *Lorsque je serai vieux* entreprise par le locuteur. Ainsi, l'emploi du verbe « être » et l'emploi du verbe « avoir » sont mis en tension dans un mécanisme métadiscursif engendré par l'énonciateur. Cet arrêt sur le discours relève d'un fait de texture. Or, la construction de cette séquence narrative reflète un aspect générique de la liste dont les macropropositions actualisent des arguments narratifs[12]. En effet, cet aspect s'appuie sur la « valeur illocutoire injonctive » du futur simple (Oppermann-Marsaux, 1996/2000 : 48-49) qui complexifie le sens narratif de ce billet. De même la complexification des déictiques à savoir « aujourd'hui » et « ça » peuvent renvoyer à la pratique *hic et nunc* du billet et *a posteriori* à la proximité d'autres billets

---

[11] « Il faut considérer trois grands types de regroupements des propositions élémentaires : en *période* et en *paragraphes*, unités textuelles faiblement typées, et en *séquences*, unités plus complexes et typées. [...] Les séquences sont des unités textuelles complexes, composées d'un nombre défini de paquets de propositions de base : les macropropositions. » ([1992] 2017 : 50)

[12] Jean-Michel Adam utilise la notion « d'argument narratif » ([1992] 2017 : 52). Elle lui permet d'interpréter les macropropositions qui ont un sens narratif.

parce que la valeur modale du futur simple crée un semblant de récit, un récit inachevé.

La métatextualité de l'autofictif

L'aménagement de la métatextualité des billets « chevillardiens »

Durant le mois d'octobre 2017, Éric Chevillard continue de manipuler, de pratiquer la séquentialité de cet objet textuel dans douze autres billets « chevillardiens ». Le corpus (3.a) récupère les données des modules (1) et (2) de ces billets sous la forme d'un tableau, et le corpus (3.b) extrait la macroproposition de l'accroche narrative de ces billets.

Nombre de billet	Module (1)	Module (2)
corpus (2.a)	lundi 2 octobre 2017	3425
1	mercredi 4 octobre 2017	3427
2	vendredi 6 octobre 2017	3429
3	dimanche 8 octobre 2017	3431
4	mardi 10 octobre	3433
5	jeudi 12 octobre 2017	3435
6	samedi 14 octobre 2017	3437
7	lundi 16 octobre 2017	3439
8	mercredi 18 octobre 2017	3441
9	samedi 21 octobre 2017	3444
10	lundi 23 octobre 2017	3446
11	mercredi 25 octobre 2017	3448
12	samedi 28 octobre 2017	3451

Corpus (3.a) : Tableau des douze autres billets « chevillardiens »

MP1 « [Lorsque je serai vieux, tout sera différent.] » (Mercredi 4 octobre 2017 : 3427)
MP1 « [Lorsque je serai vieux, nous en n'en serons plus là.] » (Vendredi 6 octobre 2017 : 3429)
MP1 « [Lorsque je serai vieux, nous ne nous reconnaîtrons plus.] » (Dimanche 8 octobre : 3431)
MP1 » [Lorsque je serai vieux, oh là, […]]. » (Mardi 10 octobre 2017 : 3433)
MP1 « [Lorsque je serai vieux, nous serons indéfiniment renouvelables.] » (Jeudi 12 octobre 2017 : 3435)
MP1 « [Lorsque je serai vieux, les autres seront devenus trop nombreux sur cette Terre.] » (Samedi 14 octobre 2017 : 3437)
MP1 « [Lorsque je serai vieux, l'âme aura enfin été isolée.] » (Lundi 16 octobre 2017 : 3439)
MP1 « [Lorsque je serai vieux, autres mœurs. […]] » (Mercredi 18 Octobre 2017 : 3441)
MP1 « [Lorsque je serai vieux, l'océan aura inondé la mer.] » (Samedi 21 octobre 2017 : 3444)
MP1 « [Lorsque je serai vieux, mes clones seront encore jeunes.] » (Lundi 23 octobre 2017 : 3446)
MP1 « [Lorsque je serai vieux, on me donnera vingt ans de moins qu'aujourd'hui.] » (Mercredi 25 octobre 2017 : 3448)
MP1 « [Lorsque je serai vieux, je serai nettement plus rapide.] » (Samedi 28 octobre 2017 : 3451)

Corpus (3.b) : Restitution des accroches narratives de « Lorsque je serai vieux » : http://autofictif.blogspot.fr/2017/10/ . Consulté 26/04/18.

À partir d'une comparaison de ces occurrences, on voit que le processus scriptural qui est engendré par l'unité de discours « Lorsque je serai vieux » dans l'accroche narrative du corpus (2.b) est ré-envisagé, ré-actualisé. En effet, dans chacune de ces macropropositions (MP) est relancé le dédoublement énonciatif entre le locuteur et l'énonciateur observé dans le corpus (2.b). L'énonciateur continue à la fois de commenter l'activité narrative du locuteur et de se projeter dans le devenir sociétal. Les marqueurs déictiques comme les modalisateurs tels que « là » dans « oh là », « encore » ou « enfin » (soulignés) continuent d'alimenter la valeur modale du futur simple relevé dans le corpus (2.b). Face à la dimension tabulaire de *L'Autofictif*, cette relation de complicité entre ces 13 billets – en comptant le billet « chevillardien » analysé dans le corpus (2.a) – aménage une *métatextualité* dont la perception se constitue alors dans la « dimension réticulaire » (Adam, 2011 : 223) c'est-à-dire dans une composition en réseaux de ce cycle temporel.

La dimension du méta de et dans l'autofictif

Cependant, entre ces billets du corpus (3.a), Éric Chevillard adopte une quasi-posture de « scripteur[13] ». En ce sens parler de *quasi-posture* de scripteur, c'est poser la question de cette autre activité scripturale comprise comme une seconde activité où « une voix off non identifiable[14] » (Lala, 2015 : 6) se lie et se relie à la précédente activité scripturale des 13 billets. De cette façon, la scansion temporelle – générée par la pratique quotidienne de *L'Autofictif* – peut être perçue comme un « intervalle renaissant » (Lala, 2007 : 191) réactualisant à mi-chemin le parcours isotopique de l'activité scripturale de *Lorsque je serai vieux*. Le corpus (4) restitue deux billets intermédiaires (4.a) et (4.b) qui déploient ce phénomène *métascriptural*.

[13] Roland Barthes avait ouvert une piste en tant que sémiologue dans son article intitulé « Théorie du texte » en 1974.

[14] Marie-Christine Lala étudie pour forger ce concept le problème de « l'orchestration des voix énonciatives » (2015) dans *L'Occupation des sols* de Jean Echenoz.

lundi 9 octobre 2017

3432

Tu ajoutes une phrase dans un texte déjà beaucoup travaillé, lu et relu, et il te semble alors qu'elle seule vaut quelque chose. C'est pourtant qu'elle n'a pas encore fatigué ton regard. Tu finiras par l'effacer.

L'habit de lumière est donc électrifié. Raison pour laquelle le taureau si adroitement l'évite.

Vivre ne me passionne pas suffisamment pour que je m'y donne à fond.

[Malgré quoi, amis de Toulouse, je serai vendredi soir avec Prosper à la librairie Terra Nova.]

Publié par Eric Chevillard à 00:02

Corpus (4.a) : Le billet « chevillardien » n°3432

dimanche 15 octobre 2017

3438

Trouvez-moi une seule différence entre l'étui pénien et la poche à portable ?

une pierre
des ronds
dans l'eau

C'était vieux avant.

Publié par Eric Chevillard à 00:53

Corpus (4.b) : Le billet « chevillardien » n°3438

L'encadrement du corpus (4.a) met en évidence l'activité métadiscursive qui porte sur l'unité de discours *Lorsque je serai vieux* tandis que le corpus (4.b) l'évoque en écho à partir du lexème « vieux », et plus particulièrement, en relançant la signifiance de ce lexème qui répond au paragraphe précédent. Cette seconde activité, mise en tension avec la première, retrace l'activité scripturale du corpus (2.b) et l'*activité métascripturale* du corpus (3.a) qui procède d'une « métasémantique de l'énonciation[15] » (Benveniste, 1974 : 66 ; Lala, 2014 : 2796-2801). En outre, à l'échelle intratextuelle de certains billets, Chevillard produit une activité métadiscursive sur la pratique de la métatextualité de ses billets.

L'hébergement de formes narratives ou/et faire texte...

Au regard du corpus de *Lorsque je serai vieux*, le processus de narrativité est double, à l'échelle du billet « chevillardien », et à l'échelle de la productivité métatextuelle où le support numérique de *L'Autofictif* comme « dynamique (trans)médiatique » (Fleury, Walter, 2017 : 192) et surtout comme *dynamique scripturale*, voire *métascripturale*, continue de revivifier l'élan narratif d'un premier billet. Cet hébergement numérique de *L'Autofictif* d'Éric Chevillard pose immanquablement le problème de la conception de « l'effet-blog » (Thérenthy, 2010 : 57-60) puisque l'auteur publie selon les critères qui caractérisent l'activité de blogueur comme un acte social sur une plateforme numérique, libre d'accès et gratuite. Or, le blog de Chevillard est « monodirectionnel » (Guillet, 2013 : 206) au sens où aucun espace n'est dédié aux commentaires du lecteur numérique. De ce fait, il blogue de manière « indirectement performative » (Gefen, 2010 : 156). Alors que, dans les premières années de *L'Autofictif*, une autre balise technique – qui pourrait être identifiée dans le corpus (2.a) – permettait au lecteur numérique de suivre, de partager et de diffuser voire d'imprimer un billet « chevillardien », le dernier corpus (5)[16] a restitué une ancienne page de *L'Autofictif* dans laquelle le lecteur peut faire partager le billet à partir du bouton « *share the post* ».

---

15 Dans sa conclusion, Lala (2014 : 2802) insiste sur ce programme d'une « métasémantique » qui sera une « sémantique de l'énonciation » tout en posant la question du statut linguistique et sémiotique du texte : » Le statut *linguistique* du texte est indissociable de son statut épistémologique qui reste en tension entre dimension sémiotique et discursivités. » (*Nous soulignons*)

16 Cette ancienne page de *L'Autofictif* est encore accessible. http://l-autofictif.over-blog.com/2015/02/2517.html. Consulté le 25/04/18.

2517

En li

Published on February 12 2015 by Eric Chevillard

Des jeunes femmes au profil de médaille, inclinées doucement, le front pensif, plissant les lèvres en une moue charmante, une mèche de cheveux caressant leur joue, il y en a beaucoup, il y en a par centaines des millions de milliers, partout, mais elles sont penchées sur leur téléphone. Alors quand vous en surprenez une soudain dont l'activité ne dément pas cette gracieuse attitude puisqu'elle lit une revue d'art consacrée aux préraphaélites, l'émotion est grande.

Le monde serait tout de même plus plaisant si chacun travaillait son petit numéro en coulisses avant de le présenter publiquement.

Afin d'en finir avec cette existence lamentable de routine et d'ennui dans laquelle il se sentait sombrer et pour retrouver goût à la vie, à l'aventure, à l'avenir, il a acheté un bateau – et fait naufrage pour de bon.

Share this post

Subscribe to newsletter

Corpus (5) : Le billet « chevillardien » n°2517

À mesure que le temps passe, Chevillard se désintéresse quelque peu de la fonction sociale, des potentialités performatives du numérique à savoir la diffusion et le partage. Ce qui amène Marie-Ève Thérenthy, Anaïs Guillet et d'autres à penser que *L'Autofictif* est « un objet d'expériences littéraires », un espace « écolittéraire » (Guillet, 2016 : 16 ; Guillet, 2013 : 44).

Conclusion

De la *textualité* du billet « chevillardien » à la *métatextualité* des billets, *L'Autofictif* d'Éric Chevillard constitue un véritable espace, un terrain producteur de « littérarité » (Jakobson, 1973 : 486) dans l'articulation de ses processus *scripturaux* et *méta-scripturaux* grâce à la technicité du numérique qui engendre une narrativité follement complexe et ludique. C'est d'ailleurs cette complexification que relève Bruno Blanckeman au sujet de l'*ethos* chevillardien l'appelant « l'herméneutique du fou » (Blanckeman, 2014 : 7-36). Dans le cas de *Lorsque je serai vieux*, Éric Chevillard dépasse littérairement les bornes libidinales[17] du texte, de la page et du livre. Plutôt que le récit, c'est la mise en récit qui est singulièrement innovante là où le processus de narrativité est complémentaire de la technicité du support de *L'Autofictif*. Assurément, cette pratique scripturale « diffractée » (Audet, 2015 : 25-45) embrasse, trouble et opacifie les outils nécessaires pour analyser l'activité scripturale dans et de *L'Autofictif*. De plus, la publication en version papier qui la fait rétroactivement disparaître peut fausser l'enjeu[18]. Or, il est nécessaire de noter que *L'Autofictif* n'est pas qu'un réservoir de métadonnées, une base de données dans laquelle on puise pour lire, comprendre et élucider l'activité scripturale d'Éric Chevillard ; bien que certaines formes de discours soient suffisamment séduisantes pour pouvoir générer des aphorismes tels que la relance du proverbe « chaque jour suffit sa peine » en « à chaque peine un jour ne suffit pas»... C'est une autre activité scripturale où la mise en récit de la pratique du support produit une véritable attente, celle du temps narratif qui réveille l'expérience fantasmatique du conte. Ce plaisir de *L'Autofictif* en ligne se distancie inéluctablement de la version papier de *L'Autofictif* qui perd de vue l'excitation de la pratique scripturale et la sortie nouvelle, aux alentours de minuit, de la Marquise qui se met en récit.

---

[17] Nous empruntons cette formule à Bruno Blanckeman (2014 : 20).

[18] Anaïs Guillet conclut d'ailleurs : « le livre possède encore une trop grande force d'inertie vis-à-vis du texte. [...] Un projet et un résultat qui se contredisent presque, et dans tous les cas des œuvres hyperconscientes de leur statut médiatique. [...] dans tous les cas, le livre reste un aboutissement, un objet consacrant, et, de ce fait-même prouve sa vitalité en tant que modèle culturel à l'heure du numérique. ».

Bibliographie

Adam, J-M. (2017). *Les Textes : types et prototypes* (4e éd.). Paris, A. Colin.

Adam, J-M., (2011). *La linguistique textuelle. Introduction à l'analyse textuelle des discours* (3e éd.). Paris, A. Colin.

Arabyan, M. (1994). *Le paragraphe narratif.* Paris, L'Harmattan.

Arabyan, M. (1999). Analyse de discours et mise en page : Une discrimination inférentielle commandée par l'alinéa. *Modèles linguistiques, 40,* 57-60. https://journals.openedition.org/ml/1408.

Audet, R. (2015). Diffraction. Pour une poétique de la diffraction des textes narratifs. Dans Bouju, E. (dir.). *Fragments d'un discours théorique Nouveaux éléments de lexique littéraire*, (25-45). Paris, C. Défaut.

Barthes, R. (1974). Théorie du texte. Dans *Œuvres complètes T.4*, (443-459). https://www.psychaanalyse.com/pdf/THEORIE_DU_TEXTE_ROLAND_BARTHES.pdf.

Bellon, G. (2012). Forme brève et nostalgie du récit dans L'Autofictif d'Éric Chevillard. Dans Alvares, C., Keating M-E. (éds). *Microcontos e outras microformas :alguns ensaios, Universidade do Minho*, (109-130) https://repositorium.sdum.uminho.pt/bitstream/1822/20522/1/Microcontos_PRINT_26SET12.pdf.

Benveniste, É. (1966). *Problèmes de linguistique générale, T. 1*, (éd. 2014). Paris, Gallimard.

Benveniste, É., (1974), *Problèmes de linguistique générale, T. 2*, (éd. 2014). Paris, Gallimard.

Bessard-Banquy, O., Jourde, P., (dirs.). (2015). *Chevillard dans tous ses états.* Paris, Éd. de Classiques Garnier.

Blanckeman, B. (2014). L'herméneutique du fou. Dans Bayard, P., (dir.), *Pour Éric Chevillard*, (7-36). Paris, Éd. de Minuit.

Chevillard, É. (2007). *L'Autofictif.* Talence, Éd. de l'Arbre vengeur.

Chevillard, É. (2018). *L'Autofictif ultraconfidentiel.* Talence, Éd. de l'Arbre vengeur.

Crozat, S., Bachimont, B., Cailleau, I., Bouchardon, S., Gaillard, L. (2011). Éléments pour une théorie opérationnelle de l'écriture numérique. *Document numérique, 14*, (9-33). https://www.cairn.info/revue-document-numerique-2011-3-page-9.htm#pa19.

Daniel, M. (2016). *Éric Chevillard, l'Art de la contre-attaque.* Paris, Éd. Le Manuscrit.

Ducrot, O. (1984). *Le Dire et le Dit.* Paris, Éd. de Minuit.

Fleury, B., Walter, J. (2017). La narratologie dans tous ses états. *Questions de communication, 31*, 183-197. http://journals.openedition.org/questionsdecommunication/11109.

Florea, M-L., (2009). Tabularité : des textes au corpus, *Corpus, 8*, 177-196. http://corpus.revues.org/1792

Gefen, A. (2010). Ce que les réseaux font à la littérature. Réseaux sociaux, microblogging et création. Dans Couleau-Maixent, C., Hellegouarc'h, P. (dirs.). *Les Blogs : écritures d'un nouveau genre ?*, (155-166) Paris, L'Harmattan.

Guillet, A. (2013). *Pour une littérature cyborg : l'hybridation médiatique du texte littéraire.* Thèse en études littéraires, Université du Québec. https://archipel.uqam.ca/6010/1/D2569.pdf.

Guillet, A. (2016). Le paradoxe du blogue édité. *CO(n)TEXTES, 17*, 1-27. https://journals.openedition.org/contextes/6205.

Jakobson, R. (1973). *Questions de poétique.* Paris, Éd. Le Seuil.

Lala, M-C. (2007). L'ajout entre forme et figure : point de suspension et topographie de l'écrit littéraire au XXe siècle. Dans Authier-Revuz, J., Lala M.-C. (dirs.). *Figures d'ajout. Phrase, texte, écriture,* (185-193). Paris, Éd. de PSU.

Lala, M.-C. (2014). La textualité écrite en tension entre langue et discursivités. *Actes du Congrès mondial de linguistique française, 8*, 2795-2804. https://www.shs- conferences.org/articles/shsconf/pdf/2014/05/shsconf_cmlf14_01125.pdf

Lala, M.-C. (2015). L'orchestration des voix dans l'agencement de L'Occupation des sols. *Revue Sciences/Lettres, 3,* 1-15. https://journals.openedition.org/rsl/833.

Oppermann-Marsaux, E. (1996). Les emplois injonctifs du futur en français des origines au début du seizième siècle. *L'information grammaticale, 69,* 48-49. https://www.persee.fr/doc/igram_0222-9838_1996_num_69_1_3009.

Oppermann-Marsaux, E. (2000). *Les emplois injonctifs du futur en français médiéval.* Thèse en linguistique française, Université Sorbonne-Nouvelle.

Riendeau, P. (2012). L'aphorisme comme art du détour ou comment Éric Chevillard est devenu L'Autofictif. *Revue critique de fixxion française contemporaine.* http://www.revue-critique-de-fixxion-francaise-contemporaine.org/rcffc/article/view/fx04.04/567.

Riendeau, P. (2015). L'Autofictif observe le monde. (201-214) Dans Bessard-Banquy, O., Jourde, P. (dirs.). *Chevillard dans tous ses états,* (185-193) ? Paris, Éd. de Classiques Garnier.

Souchier, E. (1998). L'image de texte. Pour une théorie de l'énonciation éditoriale. *Les Cahiers de Médiologie, 6*, 137-145. https://www.cairn.info/revue-les-cahiers-de-mediologie-1998-2-page-137.htm.

Thérenty, M.-E. (2010). L'effet-blog en littérature. Sur L'Autofictif d'Éric Chevillard et Tumulte de François Bon. *Itinéraires, 2,* 53-63. http://journals.openedition.org/itineraires/1964.

Viart, D., Vercier, B., (dirs.). (2008), *La littérature française au présent* (2e éd.). Paris, Éd. Bordas.

Weinrich, H. (1964). *Le temps.* Paris, Éd. de Minuit.

Table des matières

Avant-propos 7

Préface 9

Les courts-métrages publicitaires web : la *complexité narrative* en question 23

Data Art et mise en récit 37

La mise en récit des violences sexuelles et sexistes dans les témoignages du mouvement *Balance ton porc* sur Twitter 53

La mise en récit des troubles mentaux et neurodéveloppementaux sur les espaces numériques 77

La mise en récit de parcours d'errance chez des patients souffrant de comorbidité psychiatrique et addictive 91

Le récit comme dispositif d'échanges : le cas des publications de fanfictions 105

Constructions objective et subjective de la diégèse dans les récits hagiographiques racontés par les gardiens des mausolées 133

Le récit de vie au plateau : une histoire en strates. L'exemple chorégraphique 149

D'après une histoire vraie de Delphine de Vigan ou le récit d'une écrivaine tourmentée 165

La technologie au service de la narration dans la mise en musique d'un roman. L'exemple de *Maria Republica*, « opéra pour sept chanteurs, quinze musiciens et technologie » (François Paris, 2016) 181

L'hébergement de formes narratives dans L'autofictif : le cas de « lorsque je serai vieux » d'Éric Chevillard 199

Table des matières 219

Structures éditoriales du groupe L'Harmattan

L'Harmattan Italie
Via degli Artisti, 15
10124 Torino
harmattan.italia@gmail.com

L'Harmattan Hongrie
Kossuth l. u. 14-16.
1053 Budapest
harmattan@harmattan.hu

L'Harmattan Sénégal
10 VDN en face Mermoz
BP 45034 Dakar-Fann
senharmattan@gmail.com

L'Harmattan Cameroun
TSINGA/FECAFOOT
BP 11486 Yaoundé
inkoukam@gmail.com

L'Harmattan Burkina Faso
Achille Somé – tengnule@hotmail.fr

L'Harmattan Guinée
Almamya, rue KA 028 OKB Agency
BP 3470 Conakry
harmattanguinee@yahoo.fr

L'Harmattan RDC
185, avenue Nyangwe
Commune de Lingwala – Kinshasa
matangilamusadila@yahoo.fr

L'Harmattan Congo
67, boulevard Denis-Sassou-N'Guesso
BP 2874 Brazzaville
harmattan.congo@yahoo.fr

L'Harmattan Mali
ACI 2000 - Immeuble Mgr Jean Marie Cisse
Bureau 10
BP 145 Bamako-Mali
mali@harmattan.fr

L'Harmattan Togo
Djidjole – Lomé
Maison Amela
face EPP BATOME
ddamela@aol.com

L'Harmattan Côte d'Ivoire
Résidence Karl – Cité des Arts
Abidjan-Cocody
03 BP 1588 Abidjan
espace_harmattan.ci@hotmail.fr

Nos librairies en France

Librairie internationale
16, rue des Écoles
75005 Paris
librairie.internationale@harmattan.fr
01 40 46 79 11
www.librairieharmattan.com

Librairie des savoirs
21, rue des Écoles
75005 Paris
librairie.sh@harmattan.fr
01 46 34 13 71
www.librairieharmattansh.com

Librairie Le Lucernaire
53, rue Notre-Dame-des-Champs
75006 Paris
librairie@lucernaire.fr
01 42 22 67 13

www.ingramcontent.com/pod-product-compliance
Lightning Source LLC
LaVergne TN
LVHW010430230826
846092LV00009BA/1106

* 9 7 8 2 1 4 0 2 6 1 7 5 6 *